青春期男孩的秘密书（插图版）

杨颖 编著

成都地图出版社

图书在版编目(CIP)数据

青春期男孩的秘密书：插图版 / 杨颖编著. — 成都：成都地图出版社有限公司，2021.1(2021.8 重印)

ISBN 978-7-5557-1634-1

Ⅰ. ①青… Ⅱ. ①杨… Ⅲ. ①男性－青春期－健康教育 Ⅳ. ①G479

中国版本图书馆 CIP 数据核字(2020)第 271610 号

青春期男孩的秘密书(插图版)
QINGCHUNQI NANHAI DE MIMI SHU(CHATU BAN)

编　　著：杨　颖
责任编辑：王　颖
封面设计：松　雪
出版发行：成都地图出版社有限公司
地　　址：成都市龙泉驿区建设路 2 号
邮政编码：610100
电　　话：028-84884648　028-84884826(营销部)
传　　真：028-84884820
印　　刷：三河市众誉天成印务有限公司
开　　本：880mm×1270mm　1/32
印　　张：5
字　　数：136 千字
版　　次：2021 年 1 月第 1 版
印　　次：2021 年 8 月第 2 次印刷
定　　价：36.00 元
书　　号：ISBN 978-7-5557-1634-1

前言

男孩的成长都要经过一个特殊的时期——青春期，这是一个由孩童到成人的过渡时期。这个时期，身为男孩的你身体开始成熟，也许对有关于“性”的话题充满好奇；心理也发生着变化，开始尝试反抗父母的安排和决定，会有强烈的自主意识。这一时期，你将承担着学习的压力，面对成长中出现的各种问题。你会遇到很多高兴的事，也会遇到很多烦恼的事，甚至是难以抉择的事。比如，遭遇了挫折，一时冲动犯下了错误，和同伴或父母产生了矛盾……这时候的你应该如何处理这一切呢？

随着知识的不断积累、生活经验的不断丰富和心理素质的不断提高，你的需求、动机、能力、兴趣、气质等也在不断地发生变化。你开始学会了关注、分析、反思，开始带着警觉、怀疑的态度评价一个人、一件事，开始有了“初生牛犊不怕虎”的气势，开始有了“欲与天公试比高”的志向……同时，你更渴望别人把你看成大人、当成朋友，想要得到尊重和理解，希望父母给你更多的自由空间。

青春期是喜悦的，因为你将踏入成人的世界；青春期是敏感的，你的心智逐渐成熟，希望得到异性的关注，也在意别人的评价；青春期是矛盾的，老师难相通，父母不理解，同学难相处；青春期是困惑的，有那么多的未知、那么多的新奇、那么多的诱惑；青春期是浪漫的，你幻想着心目中的白雪公主，期待着甜蜜的爱情。

《青春期男孩的秘密书（插图版）》是一本专属于青春期男孩的百科全书，从生理到心理变化，从学业到修养提升，从形象气质到礼仪交往，面面俱到；它是一本青春期男孩的成长笔记，是男孩知心的良师益友；它是一本青春期男孩的枕边读物，是男孩的好伙伴，也是男孩渴望得到的礼物！当你仔细阅读这本书时，你在青春期产生的困惑就会找到答案。

2020 年 11 月

目录
contents

第一章

突然之间，我的身体为什么会这样

悄然而至的身体变化

一次，老李给朋友老章打电话，约他出去聚聚。接电话的人声音低沉，老李没多想，以为是老章，就直截了当地说了时间地点，电话那头却突然没了声音。半晌，对方又开口了：“我不是老章，我是老章的儿子小章。”原来是小章，以前常见到他，声音很脆很甜的小男孩。一段时间没见，小家伙已经变声了。

青春寄语

到了青春期，男孩的身体将发生一系列引人注目的变化，无论是外表，还是内在，都有较大的改变。这个时期是男孩成长发育的最佳时期。除身高、体重猛增外，主要是第二性征的发育，如声音变粗，胡须和腋毛开始长出，生殖器官逐渐向成熟的方面发展：长出阴毛，睾丸和阴茎增大，性腺发育成熟，开始有遗精现象。性格上也变得成熟、老练、稳重和自信起来，不再像小孩那样幼稚和无知了。

为什么男孩子更容易长痘痘

15岁的林奇上初二，这一学期是他感到最郁闷的时期，因为他的脸上长了许多痘痘，他每天面对镜子都觉得非常烦恼。为了尽快清除这些“烦恼”，他用手不断地挤掉痘痘，但痘痘并没有因此而消失，反而反复冒出头来。痘痘不停地长，他就不停地挤，久而久之，由于非正确且不卫生的除痘方式，使他脸上出现了许多疤痕，特别令他烦恼。林奇不敢抬头看人，总是低着头和别人说话。放学回家，他就把自己关在房间里。他经常忍不住去摸脸，然后又去挤痘痘，总想着把痘痘挤掉、抠掉，皮肤就能变得光滑，可是越是这样，脸上的疤痕越严重。

与林奇有同样烦恼的还有胡强等几个男孩，他们可谓“难兄难弟”，经常在一起抱怨自己不走运，为什么别人没痘痘，而自己却满脸痘痘呢？他们统计了一下，发现全班男生中有7人长了痘痘，女生中只有两人长了痘痘，而班里的男生和女生数量相同。为什么男生比女生更容易长痘痘呢？他们始终没弄明白。

青春寄语

据统计，95%的男孩和85%的女孩在青春期都患过不同程度的痤疮，即青春痘。痤疮是一种发生于毛囊皮脂腺的慢性皮肤病，多出现于面部、颈部、前胸、后背等皮脂腺分泌旺盛的部位。对很多青春期的孩子来说，青春痘可谓“老朋友”了。如果稍留意一下，会发现男生长痘痘的比例要比女生高很多，这是为什么呢？

1. 雄激素分泌旺盛

青春痘俗称粉刺，学名痤疮，是一种皮脂腺疾病。它的形成与雄性激素的分泌有关，因此男孩长粉刺的明显比女孩要多，所以说青春痘更偏爱男孩。男孩雄性激素分泌旺盛，刺激皮脂腺分泌大量的油脂，加速毛囊角化，加上各种污物、细菌堵塞毛孔，导致痘痘产生，引发肌底炎症感染。而女孩体内含有雌性激素，当体内环境相对稳定时，雌性激素就能抑制雄性激素造成的痘痘。

2. 皮肤构造不同

男孩和女孩的皮肤构造不同，男孩皮肤角质层要比女孩厚2～3倍。加之男孩进入青春期后体内的雄性激素水平增高，刺激皮脂腺发育使分泌物增多，导致毛孔容易被堵塞，痘痘也就更容易加重。

3. 消灭痘痘的方式很暴力

男孩也会挤痘痘，且更为暴力，消毒等措施可能也没有女孩做的细致，对皮肤伤害便更大，非常容易导致痘痘加重并留下严重的痘坑痘印。

4. 不注重护肤

很多男孩都是一瓶洗面奶走天下，一些男孩甚至觉得涂护肤品会显得“娘”。而一些男孩在皮肤油的时候就拼命控油，选用含碱性、控油或大皂基的洁面产品，不仅破坏了皮肤表面具有抵抗、保护及平衡作用的酸性保护膜，导致皮肤内油外干，皮肤屏障受损，还使得皮肤问题层出不穷。皮肤得不到正确护理，在雄性激素过多的情况下，痘痘就频频爆发。

5. 更爱熬夜

男孩熬夜看小说、玩游戏、看电影的概率往往高于女孩，加之经常用手去触摸皮肤发炎部位，极易造成细菌感染。很多男孩由于学习劳累过度、精神紧张、睡眠不足等，也会使得脸上容易冒痘。且男孩雄性激素分泌过旺，如果再没做好皮肤清洁防护工作，就会使痘痘加重。

6. 爱吃油腻、刺激或者高糖食物

经常吃油腻、刺激或者高糖食物，会使皮肤出油症状加重。

7. 其他因素

另外，痘痘的形成还与胃肠道吸收不良、精神状态不稳所致的植物神经功能紊乱或维生素 B_1、B_2、B_6 等缺乏有关。

可见，男生要学会呵护自己的面部皮肤，保持讲卫生的生活习惯，经常适当清洁皮肤。如果痘痘长出来了，也不必太担心，保持轻松的心态，选择清爽、控油、祛痘、温和的泡沫型洗面奶，坚持每天清洁脸部皮肤，让污垢无法在毛孔中停留，对去除痘痘很有帮助。在饮食方面，男孩要少摄入肥肉、巧克力、糖、花生、咖啡及含糖较多的食品和辛辣刺激的食物。也可适当补充 B 族维生素，多吃水果和蔬菜。

身上开始长体毛了

一个夏日的下午，景恺和他的兄弟柯晓磊、陈晨、臧明朗去打篮球。打完球，几个孩子在景恺家喝水、休息。

景恺的妈妈发现，四个人中有三个穿着背心、短裤，唯独臧明朗穿着长袖、长裤，而且汗水已经将他的长衣长裤都打湿了。

景恺的妈妈有些奇怪，就问臧明朗："明朗，你看他们几个都穿短袖、短裤，你怎么穿长袖、长裤呢？这么热的天，你穿这些不热吗？"

"阿姨，明朗是个野人，嘿嘿，他不敢穿短袖的衣服。"调皮的柯晓磊说。

"什么野人？"景恺的妈妈有些莫名其妙。

"哎，阿姨，别提了，我真的成了一个野人。"明朗撩起自己的一只袖管，指着胳膊上的汗毛说："您看，我胳膊上、腿上长了这么多汗毛，就连前胸这里也长了很多毛，简直就是一个野人。"

景恺的妈妈明白了。

“哈哈，臧明朗你返祖了。”晓磊又揶揄明朗。

“别捣乱，人家正烦着呢，你还这么取笑我。”明朗责怪晓磊，转头又对景恺的妈妈说：“阿姨，我这是不是有病啊，身上怎么这么多毛？为什么他们身上都没这么多呢？”

没想到身上多毛的现象让这个小伙子犯愁了。

景恺的妈妈安慰明朗说：“其实，你这种现象是正常的。”

“我妈也这么跟我说，还劝我不要太担心。可是我觉得这个样子太难看了，就想拔掉一些。”明朗说。

“千万不要拔它啊。这些体毛是你由男孩成长为男子汉的标志之一，你应该感到高兴才对啊。如果拔掉体毛，附在皮肤表面的细菌就会从毛孔乘虚而入，引发皮肤炎症，甚至危害你的身体健康。实际上，体毛有很好的保护作用，可以保护你的皮肤免受外来细菌、外伤等的侵袭。当你活动的时候，体毛还能起到缓冲的作用，保护你的皮肤免受摩擦的伤害。”

明朗叹了一口气，说：“那我还是留着它们，坦然接受它们存在的命运吧。”

“接受吧，这是你的命啊！”晓磊像大人一样拍了拍明朗的肩膀，一字一顿地说。

明朗白了晓磊一眼，随后冲景恺的妈妈笑了笑。

青春寄语

体毛是在雄性激素的作用下产生的，男孩比女孩的雄性激素分泌得多，所以男孩比女孩身上的体毛要多一些。男孩长胡子而女孩不长胡子就是其中一个表现。

男孩身上体毛的多寡也有个体差异。有的男孩胳膊上、腿上，甚至后背、前胸都会长出很多体毛，有的则没有那么多。

对于体毛，男孩不必过于在意，这是男孩长大成熟的标志之一，是青春期的正常现象。只要不是多到离谱，就不用担心，更不要用手或镊子等器具将体毛拔掉，这样做很容易引发皮肤感染。另外，体毛对身体是有用的，可防止细菌等微生物进入体内。

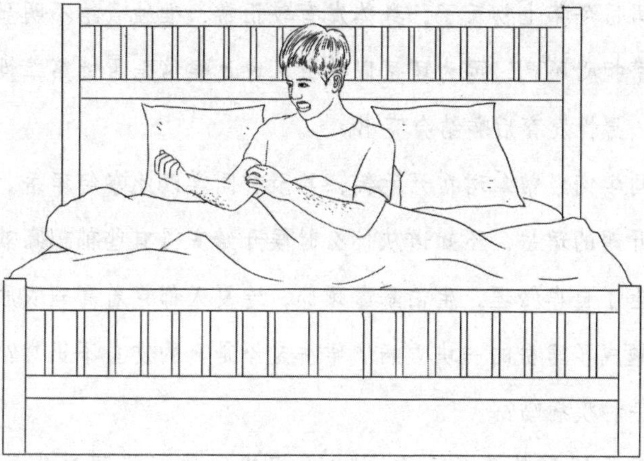

喉结不明显的苦恼

珺岳今年上初三了，身体发育较正常，唯独喉结不明显。这让珺岳担心不已，因为珺岳以前听人说过喉结是男性第二性征的表现，男性发育后喉结会突出。

同学们经常拿珺岳开玩笑，甚至有同学以此嘲笑珺岳。原本活泼开朗的珺岳，不知道从什么时候开始变得有些郁郁寡欢，甚至产生了自卑心理，生怕暴露颈部，连夏天都穿着高领衣服。这个问题成了珺岳的一块心病。珺岳是不是真的发育不正常？这真的是一种疾病吗？

对于珺岳的焦虑，父母也很担忧。他们将珺岳带到医院进行了检查。医生说，小伙子身高 175 厘米，体重 75 千克，肩宽壮实、肌肉发达，内外生殖器发育均正常，胡须、体毛等分布均符合男性特征，而且声音低沉，是个标准的男子汉。听了医生的话，珺岳这才打消了疑虑，不再为喉结的事情而烦恼了。

青春寄语

进入青春期后，因为雄性激素的影响，男孩的咽喉发生了很大的变化。位于颈部的甲状软骨向前方突出，使喉结的前后径增加将近一倍，发声随之变为低沉的男性音，这就是喉结发育的生理过程。

有人会感到很奇怪，是什么原因让有些男孩的喉结仍然不明显呢?

一种情况是，如果男孩喜欢并且经常进行一些剧烈运动，如长时间打篮球、长跑等，就可能会使喉结不明显。如某些非常健壮的田径、体操运动员，他们肌肉发达，男性性征也很正常，但喉结却不明显。不用担心，虽然喉结不明显，但他们仍然是个健康而正常的男人。

还有一种情况是，有的男孩比较胖，这会从视觉上导致喉结并不那么明显。

不少男孩曾为自己的喉结不明显而苦恼和自卑，总是害怕因此招来别人的嘲笑，有的担心自己发育不良，有的担心会影响到以后的恋爱和结婚，还有的甚至想要做喉结整容手术。这种担心完全没有必要，应该把主要的时间和精力花在学习上，保持乐观的心情和积极的生活态度。

嗓音怎么变粗了

学校要举行合唱比赛，宋强也想报名参加，可老师说他的嗓子不行，声音太粗了，不适合参加合唱。咦？真是奇怪，在小学的时候，宋强是学校合唱团的主力，那时候他还担任过男生领唱，怎么现在却被合唱团拒之门外了呢？嗓音为什么变粗了呢？

没能参加合唱比赛，宋强心里很郁闷。放学回家后，他把自己关在房间里，戴起耳机，开始哼唱起林俊杰的《曹操》，当唱到高音部分时，他怎么也唱不出声来了。但他不想放弃，于是继续"号叫"，正当他声嘶力竭狂吼的时候，妈妈推开了他的房门，非常惊讶地问："强强，你怎么在房间里乱吼乱叫啊？"

"拜托，这不是乱吼乱叫，我是在唱歌呢。就算我唱得有一丁点儿难听，也不能说那是在乱吼乱叫呀！"宋强对妈妈抗议道。妈妈没有理会他的抗议，哈哈大笑起来。

宋强皱着眉，难过地问道："我唱得真的有那么难听吗？不知怎么回事，我的嗓音变粗了，高音唱不出来。我也觉得自己唱歌难听，怪不得老师没让我参加合唱比赛呢！"

这时候妈妈不笑了，她像是突然意识到什么问题一样，温和地说：“强强，首先妈妈要向你道歉，刚才不该说你乱吼乱叫，对不起。其次，妈妈发现你已经进入了青春期，你的声音变粗就是进入青春期的表现，妈妈要祝贺你！”

宋强奇怪地问：“妈妈，你告诉我，为什么我的嗓音突然变粗了呢？”

妈妈认真地说：“声音的粗细主要是由声带决定的。儿童期无论男孩女孩，声带的长度均为6～8毫米，发出的声音是童音，所以童音是分不清男女的。而进入青春期后，声音有些变化，男孩的声音多为粗犷低沉，音域广而厚。这与其声带的厚度、宽度和长度有着密切关系。你的声音变粗是青春期的正常生理现象，不必为此苦恼。如果唱不了高音，唱低沉的音调也不错啊！”

“呵呵，是呀，那我从现在起开始练男低音啦。”听了妈妈的话，宋强的眉头总算舒展开了。

青春寄语

其实，变声期并不是什么特殊的时期，它只是从童声到成人声的变化阶段，是每个人都要经历的正常生理过程。青少年在14～16岁时开始进入变声期，主要表现为声音嘶哑，声带局部充血、水肿，音调、音色逐步发生变化，变声期一般会持续半年至一年时间。

变声期可以分为变声初期、变声中期和变声后期三个阶段，每个阶段表现都不一样。

1. 变声初期

这个时期的声音差不多和童年的声音相同，只是有的语调开始粗涩沉闷。随着时间的推移，这种情况就会越来越多。与此同时，男孩可能觉得自己的嗓音有些不受控制，发不好高音，发音耐久力差，音调不稳定，有时说话走调，甚至发出怪音。

2. 变声中期

它是嗓音变化最明显的时期，声音和以前有了显著不同。声音变粗变低，但有时还有娃娃声。唱歌时好像控制不住自己的嗓音，唱高音困难，自己的音调越来越低。变声时间越长，娃娃声就越少，成人声音成分就越多。到此期结束，声音就完全变成了低而沉厚的成人声音了。

3. 变声后期

这个时期说话的声音稳定了，但是唱歌的声音还不够稳定，自己还控制不好。这一阶段持续的时间有长有短，因人而异，一般可持续几个月。

总的来讲，变声期嗓音的变化，女声不明显，男声较显著。女孩子发高音时变化不显著，发低音时不稳定。男孩子相反，发低音时不显著，发高音时不稳定。

◇ 男孩青春期身体的变化 ◇

青春痘的学名叫痤疮，多发生在青春期的孩子身上，平时放松心情，保持皮肤清爽，用温和型洗面奶洗脸，对祛除痤疮有所帮助。

体毛是由于雄性激素的作用导致的，男孩比女孩的雄性激素分泌要多，所以男孩比女孩身上的体毛要多一些。不必过于担心，更不要用手或镊子等将体毛拔掉，因为这很容易引发皮肤感染。

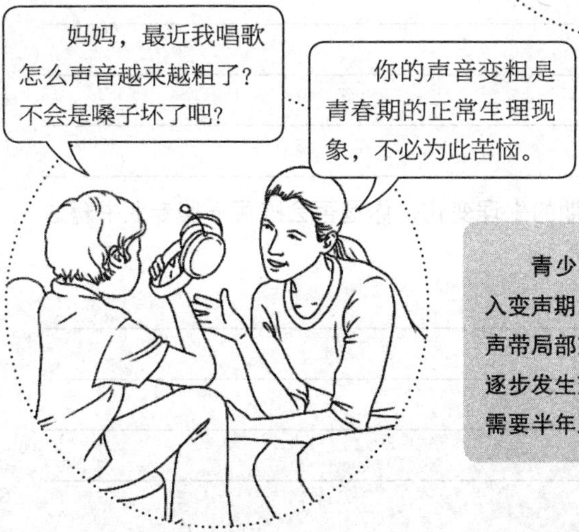

青少年在14～16岁时开始进入变声期，主要表现为声音嘶哑，声带局部充血、水肿，音调、音色逐步发生变化，变声期的完成一般需要半年至一年时间。

高情商家教思维

1. 你会主动去了解男孩青春期的生理变化常识吗?

2. 在日常生活中，你是否会注意观察孩子的身体变化?

3. 当孩子因身体发生变化而苦恼时，你会如何向孩子解释?

4. 当发现孩子用手挤痘痘、用镊子拔体毛时，你会主动干涉吗?

5. 针对男孩在青春期的生理变化，你是否会购买一些专业书籍送给孩子?

第二章

莫名其妙，为什么我会陷入迷茫

精神无法集中怎么办

最近一段时间，张楠总是精神恍惚，上课的时候没精打采的，习惯性的动作就是盯着黑板或者天花板发呆。他弄不清楚自己到底在想什么，但就是不愿意听老师讲课。有时候他很想听清楚老师在讲什么，但往往是只听了几句话，心又飞走了，结果一堂课下来什么都没学到，一下课就哈欠连天，趴在桌上睡了起来。同桌关心地问："张楠，你最近是怎么了？生病了吗？生病了可要看医生。"张楠只是摇摇头，他自己也不知道这是怎么回事，其实他并没有想什么，可就是精神不能集中起来。

往往到了晚上，张楠的精神却是出奇的好，难以入睡，经常是靠着数绵羊才进入梦乡。但即便是睡着了，也会接二连三地做梦，早上醒来的时候整个人都没精神，这令他觉得"睡觉好累"。因此，他常常在出门上学前，还是哈欠连天。爸爸担心地看着他："这孩子，怎么最近看起来老是没精神啊？"妈妈一边收拾桌子，一边回答说："是啊，看着他的样子就担心，过一阵子就要进行月末测试了，这样的状态，准考不好。"爸爸接过话："你呀，就是急功近利，一次考不好也没关系，关键是希望他打起精神来。”

青春寄语

在青春期，由于身体和生理上的不断变化，会给一部分男孩带来一些心理上的烦恼，他们可能出现精神恍惚、失眠等状况，影响到学习和生活。如果不及时采取有效措施改善，有可能导致学习效率降低，学习成绩下降，甚至对生活也逐渐失去了信心。

男孩们进入青春期后，出现精神不集中的情况，是多方面原因引起的。对此，男孩们应该找准自己的问题，对症下药。

青春期所带来的心理困扰、精神困扰，并不是那么可怕，只要拿出男子汉的勇气，积极面对，就会克服心理上的压力以及困扰，使学习成绩蒸蒸日上。

精神恍惚不定的常见应对措施有：在生活中，与异性相处要大方自然，互相成为学习上的伙伴，与其建立正常的同学关系；改掉一些不良的习惯，养成健康的生活习惯；可以专注一些自己的兴趣爱好，多参加运动，多释放、发泄多余的精力，就一定会睡个好觉。例如，选择与爸爸妈妈一起出门郊游，这是一项有益身心的活动。另外，坚持养成早睡早起的习惯，精神自然就不会恍惚了。

怎样消除烦躁心理

在“说说我的心里话”活动中，一个男孩写下了这样的内容：

今天一整天，我很倒霉，心里很烦躁。这种烦躁的感觉让我无法听课、读书，也没心情做其他事。

今天早上，我还在睡梦中，妈妈就一次次地大喊：“儿子，该起床了，再不起床上学就迟到了。”妈妈的叫喊搅扰了我的美梦。

不只如此，吃饭的时候，妈妈还对我磨磨蹭蹭起床慢的行为很不满，一直唠唠叨叨。哎，烦死了我妈的唠叨，多睡5分钟又怎么了？

上学的路上，我耳朵里还响着妈妈的唠叨，心里气鼓鼓的。

不巧，当我想要在路口闯红灯时，被一位交通协管老大爷抓住了，他对着我一通教训。怎么连陌生的老大爷也成了我的老师，真烦人！

等我快步小跑到教室时，还是迟到了，数学老师已经开始上课。自然，我又被老师批评了几句。

这一大早的，我怎么这么倒霉，总是被人训导。一想到这些，我心里就恼火，第一节课我也没怎么听进去，稀里糊涂地挨到了下课。

下了课，同桌跟我借钢笔用。我没来由地冲他一顿嚷：“没有！干吗跟我借，为什么不跟别人借？”

同桌奇怪地看着我，像看一个怪物，说：“没有就没有吧，发这么大火干吗？有没有搞错？”说完，他离开座位去找其他同学借钢笔。

我的好朋友丁丁走过来，关切地问道：“你怎么了？是不是生病了？要不要回家休息一下？”

“你才生病了呢。”我没好气地对丁丁说。

丁丁也不安地走开了，剩下我一个人孤零零地坐在座位上。

这一天，似乎注定了我是不顺的。一整天，我都烦躁不安，看谁都不顺眼，做什么事都别扭，烦躁得不行。

这不，晚上回到家，我在看电视。我妈看见了就责怪我说：“怎么还看电视？作业写完了吗？今天讲的课复习好了吗……”

哪里都没有让我清静的地方，唉，都是倒霉催的。

青春寄语

这个男孩所描述的这种烦躁情绪几乎是每个青春期男孩都难免会遇到的，这常常和生活中遇到一些不顺心的事情有关。

事实上，生活、学习不顺利也不是必然就会产生烦躁情绪。如果男孩能以乐观的心态对待生活中的不如意，努力发现不顺利中的积极因素，烦躁情绪就会减轻很多。

人的一生不可能是一帆风顺的，青春期男孩也不可避免会遇到一些烦心事。出现烦躁情绪，这是很正常的现象。

遇到烦心事，你要换个角度去想想。因为任何一件事都有正反两面，如果你总看到事情的负面，就容易烦躁，也会影响做事的效果。

如果出现了烦躁情绪，你可通过对人倾诉、做一些积极有意义的或自己喜欢的事等方式，来缓解自己的烦躁情绪。

焦虑是头“怪兽”

孙冬是一所重点学校的尖子生，只要市里有竞赛活动，老师都会选派他去参加。参加竞赛前，老师都会给他“开小灶”进行个别辅导。虽然这对孙冬的学习有所促进，但他感到精神压力很大，有点不堪重负，可老师总是对他充满信心。

在一次重要考试的前夜，孙冬在家里复习，为第二天的竞赛做准备，恰逢邻居在请客喝酒，声音很大，吵得他无法看书。他又急又气，心中烦躁至极。从那个时刻，他的心头忽然间产生了强烈的不满：怨恨老师总让他参加各种竞赛，使他疲惫不堪；怨恨隔壁的人整夜吵闹，扰乱了自己的复习；怨恨父母不该让自己留在市里读这个使人疲惫的重点中学。

在这种焦虑、怨恨的心理状态下，孙冬几乎一夜无眠，可想而知，他第二天在考场上必然是“兵败滑铁卢”。让所有人失望的成绩使得孙冬更加怨恨老师、邻居和父母。

从这以后，每逢临近考试，孙冬就会想到这次的经历，焦虑、心慌总是困扰他，成绩也一落千丈。

青春寄语

故事中的孙冬已经有了焦虑症的倾向。焦虑症，即焦虑性神经症，是一种常见的神经症，患者以焦虑情绪反应为主症状，同时伴有明显的植物性神经系统功能紊乱。

青春期是焦虑症的易发期，这个时期的男孩发育加快，身心变化处于一个转折点。压力、坏情绪、身体因素都会给处在这一成长时期的男孩带来焦虑，如不能适应紧张的环境、遭遇不幸或难以承担比较复杂而困难的任务等。一般的症状有恐惧、紧张、羞涩、孤独、自卑和烦恼，更严重者还可能伴发头晕头痛、失眠多梦、眩晕乏力、口干厌食、心慌气促、神经过敏、情绪不稳、体重下降和焦虑不安等症状。

焦虑症会严重危害青春期男孩的身心健康，若是长期处于焦虑状态，还可能诱发神经衰弱症。因此，青春期男孩的焦虑症必须及时予以合理治疗。一般是以心理治疗为主，配合药物治疗，这里介绍几种心理疗法。

1. 找到焦虑的“病根”

人心是个很微妙的世界，可以容纳很大的事，也可以把极小的事无限扩大。其实，很多焦虑是完全可以避免的，但是人们在心里不断给一件事情加码，然后将原本很小的事情变成了很大的事情，心理的负面情绪也跟着水涨船高了。

比如，武宁有一天看到手机上有两个来自同一号码的未接来电，就按照来电显示拨打回去，却没有人接听，他心里就开始不安，猜测会不会是同学？会不会是老师？还可能是谁？他们找我会有什么事……于是，一个问题接着一个问题，他开始坐立不安，什么事情都做不下去了。

其实，这一通电话真的有那么重要吗？冷静下来想想看，这通电话有可能是打错的，有可能是推销的，即使真的是重要电话，多半还会再打给你。即便是错过了，你仍在过现在的生活，又能怎么样呢？

这么一想，你就会发现很多事情并没有你想的那么严重。只要你能学会理智地处理问题，轻松地、开阔地去看待每件事情，就会发现自己曾经的焦虑竟是那么可笑。

上述情况是典型的焦虑症的症状，就是人们充满了过度的、长久的、模糊的焦虑和担心，这些担心和焦虑却没有一个明确的原因。当你把深藏于潜意识中的“病根”挖掘出来后，很多焦虑就会自动消失了。

2. 树立自信，内心强大忧虑自然就会消失

男孩治疗青春期焦虑症，最重要的就是给自己树立信心，因为很多焦虑都源于不自信。青春期男孩应暗示自己一定能够处理好突发事件，并具备完成各种任务的能力，可以常用积极的语言进行心理暗示。如经常对自己说“我一定行”“我这次一定能成功”“我是个优秀的人”……这些积极的心理暗示能让你自信起来，你会发现自己正在向着你所暗示的内容变化。而每多一点自信，焦虑程度就会降低一些，同时又反过来使自己变得更自信，这个良性循环将帮助你摆脱焦虑症的纠缠。相信通过长期积极的暗示，是可以缓解甚至是消除焦虑症的。

无论是谁，必须要足够自信，才能克服焦虑。家长应该教孩子正确地认识自己，鼓励孩子并给予孩子信心，相信孩子一定能面对各种复杂的情况。只要孩子每天积极一点，阳光一点，焦虑的症状便会一点点消失。

男孩喜欢打架怎么办

一位男孩的妈妈在网络日记中这样写道：

昨天，儿子的班主任找我谈话，说儿子又在学校打架，把人打伤了，而且还伤得不轻。其实，儿子好斗的性格我知道，只是没想到这次会把人打伤。好在对方的父母比较通情达理，没有深究，但我的心里还是很不安。

晚上，我问儿子："为什么打架？"他理直气壮地对我说："开始我没要跟他打架，是他缠着我说要练练，后来我控制不住就打他了，谁让他没本事被我打伤了，还去告诉老师！"我说："你打人还有理了！人家找你玩，你出手那么重。你要是被别人打伤了，你难道不去告诉老师吗？大家都是同学，应该好好在一起玩，再怎么样都不能打架，就算嬉戏也要注意一点，伤到谁都不好，知道吗？"儿子点点头说："以后我注意，不打架了。"

跟儿子类似的谈话，其实已经有过很多次了，他说不打架了也就是嘴上说说，事后又不记得了，希望这样的事情以后不要再发生。

青春寄语

现在，10 ~ 18 岁的男孩大多是独生子，是家中的大宝贝，在父母的百般呵护和溺爱中长大，性格往往比较任性。当他们与别人的意见发生分歧时，常会出口骂人或动手打人。

男孩天生就喜欢征服别人，喜欢用拳头证明自己的勇敢，但是也不能因此而放纵自己到处惹是生非。

有些男孩喜欢打架，很大原因是受父母和家庭的影响。有少数父母本身举止就不文明，双方爱争吵、打架、摔东西，久而久之，孩子潜移默化中就模仿了父母的恶习。另外，还有些父母对男孩的教育方式比较粗暴，对于孩子的过失非打即骂。一个在打骂声中长大的男孩，自然会形成只有用暴力的方式才能解决问题的思维习惯。但打架肯定是不对的，无论如何都要改掉打架的坏毛病。

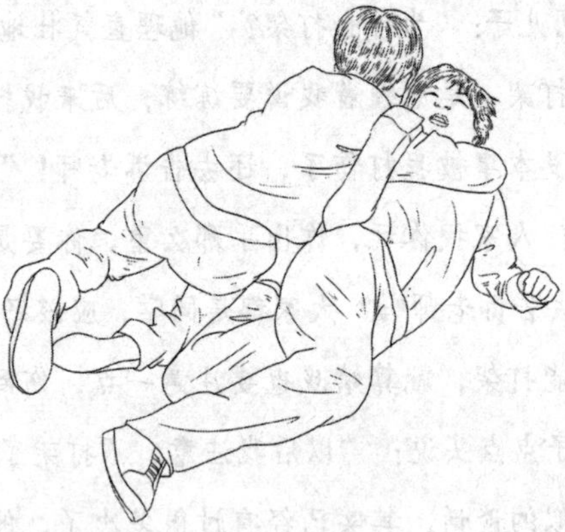

我有点女性化，长大后会不会是同性恋

乐乐是个男孩，由于家里男孩子很多，父母很想有个女孩，便时常不自觉地把他当女孩子一样养，比如给他买花衣服穿，甚至还给他穿裙子。

在父母的影响下，乐乐也“如愿以偿”地向着父母的预期发展。他从小就性格软弱，说话细声细语，喜欢和女孩子跳皮筋、打沙包，虽然常遭耻笑，但他乐此不疲。上初中后，他开始意识到了这些行为不正确，于是想要摆脱那样的生活，可是他从内心里又羡慕女孩的生活。

看着别的男孩子踢足球、打篮球，他觉得那些离自己很远，虽然潜意识里也觉得自己应该这样，可就是不知道该如何转变。更可怕的是，他越来越感到自己是个“女”的，与女生在一起时他觉得很平淡，但与男生在一起时却感到特别兴奋。为此，他很担心，也很苦恼。

如今，社会上出现了男性女性化的现象。像上面事例讲述的情况，就属于父母的“过错”，而这种现象并不少见。

青春期，孩子有了显著的性意识后，一定要采取有效措施改变这种情况，不让错误蔓延下去。

首先，需要确认的一点是，青春期男孩的同性恋倾向或同性恋行为，并不是真正意义上的同性恋。

其次，男孩要尽量克服女性化的心理。我们要清楚地认识到，自己作为一个男子汉，有女性化的倾向是不正常的。对此，要做深刻的自我反省、自我批评和自我剖析。

再次，在行动上，要重新塑造自己的男子汉形象。从一言一行入手，学习男子汉应该有的风度习惯。要敢于重新回到男同学当中去，并且找一些既理解人又具有男子汉气质的同学交朋友，请他们随时纠正你在无意之中表现出来的女性化行为。

最后，要多了解男性世界。可以多看一些记录男性英雄人物的文艺作品。还要经常参加诸如踢足球、打篮球、长跑等运动，在这些运动中你会慢慢找回男子汉的感觉。

◇ 为什么会突然陷入迷茫 ◇

有一些孩子在青春期会出现精神恍惚的现象，这时应该帮助他们养成健康的生活习惯，多运动，早睡早起。

焦虑是很多青春期男孩都会出现的问题，男孩如果能以乐观的心态面对，及时转移对不顺心的事情的关注，就能在一定程度上缓解焦虑情绪。

处于青春期的男孩比较容易冲动，家长应避免用打骂的方式进行教育，应多采用平等沟通的交流方式矫正孩子的冲动情绪。

高情商家教思维

1. 在孩子进入青春期前后，你注意到他心理上的变化了吗？

2. 当孩子经常表现出烦躁不安的情绪时，你会采取什么方法安抚他的情绪？

3. 当孩子出现焦虑情绪时，你会用什么样的方式来找到孩子焦虑的根源？

4. 如果你的孩子喜欢打架，你会用打骂的方式来批评他吗？

5. 如果你的孩子非常害羞，不敢当众讲话，你会采用哪种方式来鼓励他？

第三章

面对父母，为什么不再亲密

不愿和父母说实话

宋老师曾和一些青春期孩子进行过交流，提到为什么要对父母说谎时，他们是这样说的：

有次我和同学约好了周末去野营，可我没对父母说实话。我告诉他们的是去给同学过生日，晚上就不回家住了。其实我也不想这样，可为了不让他们担心，我只好说谎了，书上说了这叫“善意的谎言”“美丽的谎言”，我觉得我这样做并没有错。

青春寄语

进入青春期以后，大多数男孩就会像变了一个人似的，不再像小时候那样叽叽喳喳什么事都跟父母讲，而是变得沉默寡言，不愿意让父母知道关于自己的事，面对父母的盘问，谎话一次又一次脱口而出。

但是要知道，说谎是一种不好的行为。

有的人在说谎的时候，是出于善意的，完全是为对方着想。但是，你有没有想过，这种善意的谎言说多了，会让说谎成为一种习惯，会让你觉得说谎并非坏事，会让你产生“说谎是一种智慧”的错误认知。如此一来，你便习惯了用谎言去应对父母的盘问，做什么事情都瞒着父母。

习惯说谎的人，往往会自动自发地说谎，即便没必要说谎的事情，也会不自觉地将谎言脱口而出，这是一种很不好的习惯。一旦将说谎当成了一种习惯，就要为谎言付出代价，身边的亲人、朋友会慢慢地远离你，因为没有人会喜欢说谎的人。

要记住这样一点：千万不要让说谎成为一种习惯，特别是处在青春期的男孩，此时正是人生观、价值观以及行为习惯形成的重要时期，更是要严格要求自己，克服说谎的习惯，哪怕只是善意的谎言。如果真的遇到自认为需要“善意谎言”的时候，不妨换种表达技巧，真诚主动地和父母、老师或者同学表达自己的想法，征求对方的意见，并与他们达成某种共同的约定，相信他们一定会同意你的意见或想法的。只有诚实的人才能在交际中赢得他人的尊重和认同，并拥有良好的人缘。说谎是一种不好的行为，一定要彻底的杜绝，不论何时何地我们都应该实话实说。

妈妈别说了，我不想听

最近，小楠总是抱怨："妈妈总是唠唠叨叨的，一件事可以说好几遍。就像上次，我拿着一本课外书正看得入迷，妈妈却让我写作业，当时我向妈妈保证10分钟后就去写作业，可她不到5分钟就催了我两次，一直不停地数落我，我都快被她烦死了。"

青春寄语

亲爱的青春期男孩，父母的唠叨可是爱你的一种表现哦!

正因为父母是爱你的，所以他们对你总是充满了不放心，害怕你犯错误，担心你走歪路，期望你能一帆风顺。他们会不由自主地一次次唠叨，他们认为：一次不听，就说两次，两次不听，就说三次，只要自己多说几次，你总会听进去的，从而忽略了你的"心声"。

遇到这种情况，作为青春期的男孩，你已经长大，已经有了辨别是非的能力，你要学会换个角度去思考，妈妈是为你好才唠叨，你要尊重她、理解她，做她忠实的"听众"，要把这种"唠叨"

看作一种家庭的幸福，当成母爱的一种表现。

同时，你也要学会与父母进行有效的沟通，要学会倾听父母的意见，并表达自己的想法，而不是一句“烦死了”了事，这样只能加深双方的矛盾，并不能起到任何实质性的作用。你要让父母体会到有些事情你心中有数，你可以自己应付，而有困难时就会去求助他们，让他们更了解你，在你的背后支持你。

要知道，父母是你人生旅途中最坚实的后盾，也是这个世界上最关心你、爱护你的人。他们有着丰富的人生阅历和对事物独特的分析能力、解决能力，所以他们是你最值得信赖的人，当你有任何困难需要帮助的时候，他们都会义无反顾地帮助你。只是因为你所处的时代不同或年龄段不同，所以，想法与沟通方式不同，才会造成“烦”的感觉。父母“烦”是为了什么呢？是为了你好，它是爱的一种表现形式，如此一想，这种“烦”何尝不是一种幸福呢？所以，作为青春期将要成为男子汉的我们，要学会珍惜这种“烦”之所爱，要学会体会父母的不易与望子成龙的心情，更要学会与父母建立起有效的沟通，并成为真正的朋友。

我和父母没有共同语言

晓峰喜欢和同学聊旅游、电子游戏和运动等话题。每当他把这些高兴事儿带回家，想跟爸爸妈妈、爷爷奶奶说说自己的辉煌成绩时，他们却异口同声地说："天天只知道玩，一点儿也不想着学习，这可怎么得了！"

青春寄语

十几岁的你和日夜为工作、为家庭操劳的父母没有共同话题是很正常的事情，毕竟你们考虑的事情不一样，成长的年代也不一样。你喜欢过喜羊羊，喜欢过葫芦娃，你的书包里放着最先进的手机、电子书以及Switch游戏机，而他们那个时代玩的却是上树掏鸟蛋的事儿。说句玩笑话，你们的共同话题，可能就只剩下足球了。

身为男孩子，可能不会跟妈妈讨论衣服的款式，但可以和爸爸一起看球；可能不会跟妈妈一起逛商场买东西，但可以和爸爸一起钓鱼、养花、运动；可能不会注意妈妈今天化了多么精致的妆，但看得出爸爸今天的工作很成功，并且想和他一起庆祝。

与大人其实有很多事情可以交谈：

1. 学习

尽管男孩不喜欢总是谈论这些，但多和爸爸妈妈说说学习上的烦恼，说说班里的逸闻趣事，说说老师和同学们对你的看法，是增进感情的好话题。

2. 成长的烦恼

成长不是件容易的事。无论你有什么关于人际交往、身体发育、心理变化的问题，都可以向爸爸妈妈寻求帮助，他们会乐意帮助你解决问题。在彼此坦诚的基础上，你们之间的关系会更加亲密。

3. 爱好

无论爸爸妈妈看上去多么严肃，但他们都有自己的兴趣爱好，你们完全可以就这个话题聊得很开心。

4. 体育

运动是男人永恒的话题。同时，运动也是你和父母保持健康的必要方式，因此，这是一个可以持续且深入的话题。

妈妈总让我做家务，烦死了

“我讨厌做家务！每当妈妈让我扫地、倒垃圾、刷碗、整理房间……我就感觉烦死了，总是占用我的玩耍时间，真讨厌没完没了的家务活。”

青春寄语

有些男孩讨厌做家务，可能是父母强硬塞给你的“任务”让你很反感，让你觉得完全不考虑你的感受，违背了你的意愿，于是你就开始耍小脾气、摆臭脸，以发泄自己的不满，让父母自觉收回让你做家务的“命令”。

其实，做家务是每一个人成长中必须经历的一个过程。父母让你做一些家务，是开始让你学习如何照顾自己的生活，是在为你的将来打基础。

父母知道，你正在逐渐长大，你的未来需要你自己去奋斗、开拓，你需要学会各种“本领”来应对今后的各种“突发状况”。你也需要拥有属于自己的空间，要学会自己的事情自己去解决，这些能力的培养是需要一个过程的，不是一朝一夕能够拥有的，所以父母才会不断地通过做家务“锻炼”你呢！

如果你一味地要脾气、闹情绪，不仅会伤父母的心，还会影响自己的情绪和能力的培养。

你可以多与父母沟通，试着用自己的“劳动”换取相应的“报酬”，比如说为家里打扫卫生换取与父母一起去看电影的机会，这样既锻炼了自己，又能和父母共享美好的家庭时光，不是一举两得吗？

请尊重我的隐私

晓峰有写日记的习惯。以前，他有个小日记本，但觉得放在抽屉里不安全，万一被爸爸妈妈看到自己那些小秘密，那不是麻烦大了？晓峰实在不放心，买了个带锁的日记本，结果那个日记本因忘了密码被淘汰。如今，晓峰拥有了自己的电脑里，他把秘密记到了电脑里。可有一天，他发现自己的电子日记的浏览记录竟然是一个小时前，而那时自己根本没有在家！他气吼吼地问父母：“你们为什么偷看我的日记？”谁知道爸爸妈妈更生气：“怎么，我们看看你的日记怎么了？”

青春寄语

隐私，是每个人藏在心里不愿意告诉他人的秘密。随着年龄的增长，你的生活领域、知识、情感都逐渐丰富起来，原先无所顾忌敞开的心扉也渐渐关闭起来。然而，很多父母没有意识到孩子正在长大，忽略了孩子也会有自己的秘密，总认为自己是孩子的父母，可以尽情地进入孩子的世界，随意侵犯孩子的“隐私”，甚至粗暴干涉，拆信、监听、偷看日记等。

其实，把秘密锁起来并不是个好办法。因为在学习和生活中，会不时遇到困难，受到挫折或不被人理解。问题和烦恼也就随之而来，需要及时与父母沟通，求得他们的理解、支持。通过交谈，可以让父母了解自己对家庭、学校、集体及人与人之间的关系的看法和态度，对自己加以指导和教育，这样可以让自己少办错事，少走弯路，有什么不好的呢？那么，应该怎样与父母交谈呢？

1. 主动把自己的生活、学习、思想状况告诉父母，使父母随时都了解自己，及时给自己指点、帮助，还可以避免父母对自己产生不必要的误解。

2. 谈话时要有好气氛。没有融洽和谐的气氛，是很难交谈下去的，甚至会发生冲突。因此，交谈时一定要有轻松愉快的气氛，如果没有，可以先把气氛融洽好后再谈事情，这样就有比较大的机会能获得想要的结果。

3. 要把事情整个过程的来龙去脉说清楚，以便让父母有全面的了解，然后他们才能提出指导性意见。

4. 和父母说问题的时候要坦诚，讲真话，讲实话，不隐瞒事实，不回避问题，不粉饰太平，这样才能使父母深入地了解自己，对自己做出正确、切实而又中肯的指导。

5. 交谈时要做到神情专注，注视父母，不能左顾右盼、心不在焉，更不要边看书报边交谈，或在交谈时做小动作。

我们也渴望被尊重

赵老师与一位青春期男孩的妈妈交谈。这位妈妈详细讲述他们亲子之间那一场没有硝烟的战争：

小时候，儿子虽然很调皮，可是很听话；现在可倒好，稍微不顺意，他就大发雷霆。最近因为上学的事，他把学校发的课本都撕了。

儿子学习还可以，但是上重点初中有难度。我们就花钱请家教，托人联系学校，终于找到重点中学肯接收他了。对于这么难得的机会，儿子居然不懂得把握，三天两头逃课。前天，学校下了最后通牒，说如果他再这样下去，将会被开除。我们就给儿子做思想工作："你知道，为了让你进这所学校，我们花了多少精力吗……"

我话还没说完，儿子就开始顶嘴："这是你们自愿的，我又没说要进这所中学，你们谁愿意上谁上去！"

"我们这么做是为了谁？还不都是为了你。难道我们努力让你上重点，是为了害你？"

儿子像疯了一般，抓过书包，把里面的书都倒出来，然后一本本撕掉，还大喊："不是你们害我，是我自甘堕落，行了吗？"

这以后，儿子就把我们当成了"仇人"。

听完这位妈妈的讲述，赵老师隐隐约约意识到了问题的所在。为了证实猜想，赵老师决定见见这位妈妈口中的儿子。赵老师在与他谈起这件事时，他反复强调这样一个问题："我的事情为什么总是被安排好了我才知道？为什么我总要听他们的？我也知道他们为我好，可是我不喜欢他们总是用这样的借口来替我做选择。"

青春寄语

青春期男孩的暴脾气更多会在家长面前表露出来。这是为什么呢？

其实，最根本的原因是父母忽视了对青春期孩子的尊重。随着自我意识的发展，青春期男孩认为自己已经是顶天立地的男子汉了，迫切希望能够独立，能够得到尊重，然而父母擅自为自己做决定，不仅侵害了自己独立的权利，还是对自己的一种不尊重。在这种情况下，男孩只好通过发脾气来宣泄自己的愤怒。

就拿上述的例子来说，男孩之所以跟父母"结仇"，就是因为父母总是不跟他商量就为他做决定，这就是对他的不尊重。在生活中，大多数家长都会犯类似的错误，他们常常把儿子当成自己的私有物品，替儿子拿主意，为儿子做决定…… 直到儿子叛逆到一定程度他们才意识到，他们忽视了儿子最基本的心理需求——被尊重。

实际上，男孩们可以直接告诉家长自己也有被尊重的需求。

男孩的叛逆是渴望被理解

东东15岁了，是个学习很不错的男孩，与老师的关系也很好。可东东的妈妈却一直向老师抱怨："孩子这段时间不知怎么了，动不动就发脾气、摔东西，而且还常常与我作对，我让他向东，他却偏向西。"

后来，老师找了一个合适的机会与东东谈心："最近老师看你情绪不好，是不是有什么心事呀？"

东东委屈地说："老师，不知为什么，最近我的烦心事很多。尤其是爸爸妈妈把我当小男孩一样对待时，我就感觉特别烦。我已经是大男孩了，饿了我自己会去找东西吃，冷了我自己知道加衣服……如果父母连这点小事都认为我做不好，我就会故意与父母作对，我希望他们能从我的行为中读懂我的意思，理解我、尊重我……"

青春寄语

时常会听到许多父母这样抱怨：孩子大了就是不好管，太不听话了，还动不动就发脾气，真是愁人。其实，孩子并不是故意与父母作对，在这背后隐藏着他们渴望被理解、被尊重的深层需求。

男孩到了青春期后，心理上的“脱胎换骨”就开始了，自我意识开始清晰，独立意识也在逐渐增强，处处想显示出自己的“成熟”，希望父母不要再像小时候那样对自己耳提面命，而希望能与父母平等对话。苏联心理学家、教育家彼得罗夫斯基称这种变化为“由听话的道德向平等的道德的过渡”。如果父母不能认识到这一点，便会令他们气愤，为了表示对父母的不满，有些男孩就跟父母“对着干”，甚至对父母善意的帮助和合理的要求也拒不买账。孩子的目的是要父母注意到他们的存在。有些男孩虽然表面上不“刺”眼、不“扎”人，但仔细观察一下就会发现，他们很多时候口是心非，其实这是他们心底对大人们的抵触和不满的表现。

青春期的男孩将经历一个情绪、情感突变期。这时候如果得不到父母的理解、尊重，男孩就会常常发脾气、与父母对着干。

其实，男孩们是在以这种消极的行为，期待父母的反省和改变。

“逆反心理”是男孩成长过程中的正常现象，在不同性格的男孩身上会表现不一。对于比较独立的男孩而言，会表现出更多的“逆反心理”。他们不仅独立，而且思维发展好；他们相信自己的能力，认为自己的观点、行为都是正确的。因此，他们经常会抱着一种怀疑的态度去评判别人的观点，如果他们一旦认为自己是正确的，那么很多人都无法改变他们的想法，即所谓的“九头牛也拉不回来”。

男孩们，与其与父母对着干，渴望他们的理解，不如直接告诉他们：我们需要被理解。

◇ 为什么与父母不再亲密 ◇

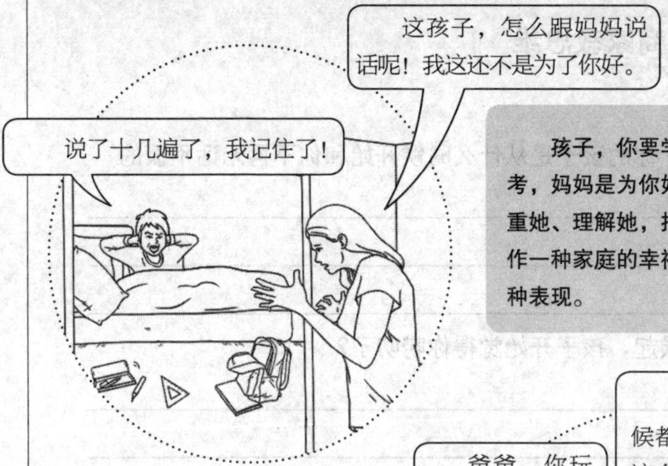

孩子，你要学会换个角度去思考，妈妈是为你好才唠叨，你要尊重她、理解她，把这种“唠叨”看作一种家庭的幸福，当成母爱的一种表现。

无论爸爸妈妈看上去多么严肃，但他们也年轻过。你们之间一定可以找到共同感兴趣的话题。

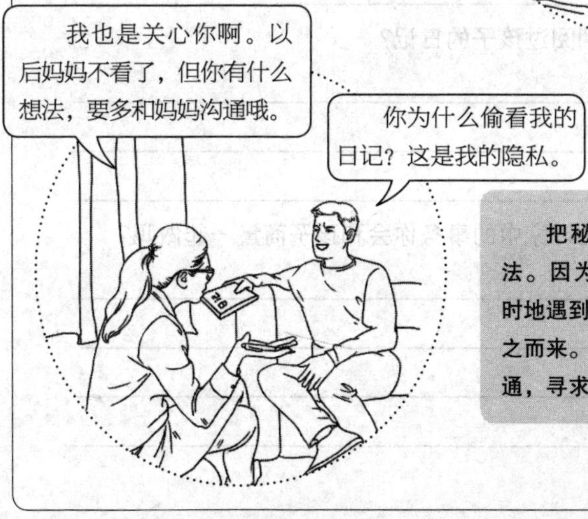

把秘密锁起来并不是个好办法。因为在学习和生活中，会不时地遇到困难，问题和烦恼也就随之而来。这时，需要及时与父母沟通，寻求他们的理解、支持。

高情商家教思维

1. 观察一下，你的孩子是从什么时候开始和你不再无话不谈的？

2. 从什么时候起，孩子开始觉得你唠叨了？

3. 你认为你和孩子有共同语言吗？你是否会关注孩子的兴趣爱好？

4. 你是否未经同意翻阅过孩子的日记？

5. 当孩子渐渐长大后，家中的事务你会和孩子商量一起做吗？

第四章

成长的烦恼，我是一个“坏学生”吗

老师凭什么夸奖他

一天，小刚生气地对小楠说：“老师真是不公平，每次都夸奖小强。就像上次，我和小强一起为班级办事，事情基本都是我做的，可是却被小强说成都是他做的。老师相信了他，还夸奖了他。我真的非常气愤。”

青春寄语

在日常生活中，我们总会遇到很多这样或那样不公平的事。比如：一件好事明明是你做的，却被别人领了功劳；老师在同一件事情上夸奖别人而没有夸奖你；是别人做了坏事，却让你承担了责任等。

对你来说，这些都是不公平的事情，但这个世界上真的有绝对公平的事情吗？基本上是没有的。

建议你遇到不甚公平的事情时，要以积极的心态来面对“不公正待遇”，千万不要钻牛角尖，更不要因为没有得到别人的表扬就气愤，甚至自暴自弃。

你可以尝试事后与老师沟通，如果在老师那里了解到真实情况，真的是你自己做得不够好，那么就要找到问题所在，进而努力去改正，让老师重新认识、欣赏并重视你。如果真的是老师的评判有问题或者是老师并没有关注到你，就要与老师坦承地沟通，希望老师也能更多地关注自己，给予自己更多的肯定。

你还可以找好朋友倾诉，抛弃不良情绪，调整好自己的心态，重新出发，以更加积极、乐观的态度面对学习和生活，争取让老师和同学看到你的优秀，看到你的进步。相信你会得到大家的认可的，加油吧！

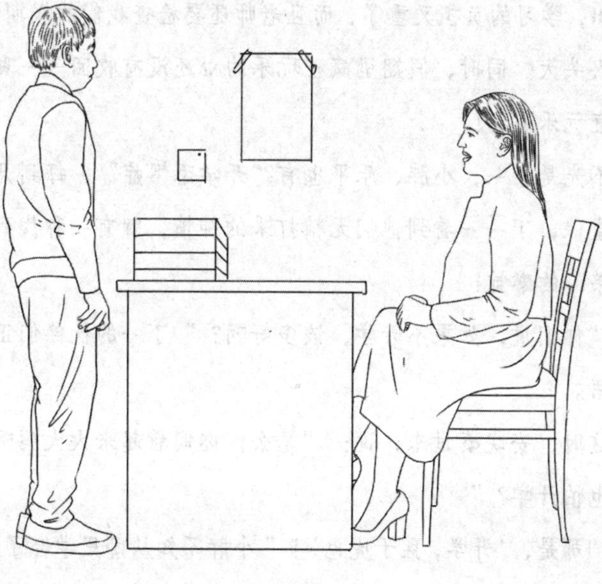

开学恐惧症

又要开学了。从小学开始，我们就周而复始地接受着“开学—放假—开学”的“折磨”。每到开学，就意味着又要学习新的知识，学习的负担又重了，而且老师还要检查我们的假期作业，真让人头大。同时，假期里疯狂玩乐的心还没有收回——真希望能一直玩乐下去！

不光是丁一，小胖、乐平也有“开学恐惧症”，每到开学的第一堂课，丁一一看到他们无精打采的神情，就有一种找到“难兄难弟”的感觉！

“你们说，如果不开学，该多好啊？”丁一的伙伴们正在窃窃私语。

这时，安晓凑过来，说：“怎么，你们看起来大大咧咧的，原来也怕开学？”

“那是，‘开学，猛于虎也’！”小胖不知从哪里学会了这句。

“哎，其实我也很怕开学呢。真怕新知识学不会……”安晓蹙着眉叹了口气说。

没搞错吧？优等生安晓也怕开学？

青春寄语

“开学恐惧症”是一种情绪障碍，主要诱因是“开学”这个特殊的事件，导致学生对学校生活的适应产生了焦虑和恐惧。寒暑假期间的无忧无虑和开学后紧张的学习形成了鲜明反差，从而使学生对开学存在心理阴影，严重时甚至会导致情绪障碍。

其实，不必过分担心这种症状，一般来说，随着新的学习生活的开始，这些症状会渐渐消失，同学们会逐渐适应现在的学习和生活。

而对于症状比较严重的同学，可以让父母在开学前就适当帮助自己加以调节，做好开学前的准备工作。尤其是长假最后几天，对自己的心理状态、生活内容等都做出相应的调整，同时保证自己合理饮食、充足睡眠，以适应新学期的学习生活。还可以让自己提前进入学习状态，在开学的前几天有意识地让自己开始自学新学期的课程，当自己对新学期的前几堂课感觉到不陌生时，“开学恐惧症”也就自然而然地消除了。

美好的校园生活

迈克尔·克莱顿是一位著名的畅销书作家，他的许多作品都被改编成了电影。《侏罗纪公园》《迷失的世界》《龙卷风》等被改编成电影之前，都曾经是畅销书排行榜上销量超过 100 万的动人之作。迈克尔希望从事写作这个职业源于小学三年级，当时，他们班参加学校的一个文化节演出，需要完成一个滑稽木偶剧，情急之下，迈克尔居然写出了一个长达 9 页的滑稽木偶剧剧本。这件事萌发了他成为作家的理想，并且从此一发不可收拾。迈克尔真正拥有一定知名度是在中学，那时他已经成为一位小有名气的少年作家。迈克尔如此痴迷于写文章，因此他常常超额完成老师的作文作业，还经常写一些学校老师布置的作业以外的文章，他的时间几乎都花在了写作上面。功夫不负有心人，他终于成为知名作家。

青春寄语

青少年时期是积累今后生活工作所需要的知识，培养良好习惯的重要阶段。男孩们完全可以把学校的学习当成自己的第一份事业去管理和经营。在学校能学到很多新的知识，还能找到和发展自己的真正兴趣，或许这个兴趣就会是你今后的职业发展方向。在中学养成的良好习惯，会让男孩在今后的工作和生活中一直受益。

很多参与了调查的孩子谈及学校生活时都显得很积极，但是也有不少人觉得很难适应学校的学习生活。他们提到了各种各样困扰他们的问题：考试、演讲、成绩，还有大堆的家庭作业以及复杂得让人头疼的各项任务。

不过，就算觉得在学校有这样或那样的不顺心，孩子们还是很喜欢在学校里那些快乐的时光。大家都会很兴奋地提到那些新学到的知识，跟要好的同学一起玩耍，自己喜欢的体育项目以及各种各样的兴趣小组，还有遇到自己挚爱的师长。绝大多数孩子会在学校发现自己真正的兴趣，把学校当成实现自己人生目标的起点。

老师，我不想做一名差生

以下是初二学生明明的自述：

老师，在您的眼里我是一个差生。是的，老师，我真的很让您头疼。每次考试我都在拖班上的后腿。每次考完试发试卷时，我都不敢看您的眼睛，怕从您的眼睛里看出您的忧虑，怕从您的眼睛里看出您的生气和愤怒。

记得有一次平常作业，我有一道题不会，可是也不敢问。看到您那张严肃的脸，顿时我就觉得自己好没用，什么也不会。在一次英语考试中，卷子发了之后，我看了一遍，基本上都不会做，怎么办呢？

我一想到考试后的成绩，就紧张得手心出汗，头也开始痛了起来。我觉得自己没有办法承担一次又一次被批评的压力，决定放手一搏——作弊！一只眼睛看着老师，一只眼睛盯着别人的试卷，最后完成了任务。

谁知道，考试成绩出来后，被您一眼就看出来了，您狠狠地批评了我。在做了数不清的下蹲之后，我满心委屈，我也不想变成这个样子。

老师，其实我也想做一个好学生，怎么样才能做到呢？

青春寄语

不少学生在学习中经历了多次失败之后，就会形成烦闷、恐惧和自卑等消极的心理。再加上家长、老师和同学对他们的不正确态度，使他们长期处在不良的学习氛围之中，久而久之就会形成过低的、错误的自我评价，误认为自己不是学习的料。一遇到困难，他们就会退缩或畏惧，对学习产生厌倦和恐惧的心理，越学成绩越糟，越学越没劲头，形成心理上的“失败定势”。

学生一旦受到“失败定势”的影响，就会丧失自信心，缺乏意志力，失去学习的动力，更无法振作起来、迎头赶上。青春期男孩如何使自己变得更好，主要有以下几个措施：

1. 充分利用良好的学习氛围

树立正确的学习观，客观地看待自己表现出来的各种能力和差异。在学习过程中应注意与老师配合。如在课堂提问和课外作业中，选择一些适合自己能力和水平的学习任务，根据自己的兴趣和能力挑选一些学习任务，使自己在学习中也能体验到成功的喜悦，产生乐观向上的积极情绪，逐渐树立起自信心。

同时，还应大量采用互帮互学的方法，采取“结对子”等方式，让学习好的同学帮助自己，形成团结友爱、你追我赶的学习风气，营造一种轻松的、和谐的学习氛围。

2. 形成正确的自我意识

可以通过心理咨询、测验等方式，找出对自己影响最大的一次失败，分析其疑点和问题的症结，消除思想上的顾虑，推翻原始的自我意识，帮助自己找到“我什么都不行”想法形成的原因，重新认识自我。

有意识地进行自我暗示：以前我认为自己笨，是错误的；现在已经证明我不笨了，只要认真去做，肯定会完成任务的。经过反复训练，就会逐渐对学习产生兴趣，乐意接受新的学习任务。在此过程中，不断消除“我一直都很差”的影响，树立起信心，从而改变对自己的认识，形成正确的自我意识。

3. 注重培养情商

美国心理学家的一项研究表明，一个人的成就只有 20%归因于智力因素，而有 80%则受到一些非智力因素的影响。事实上，绝大多数学习不好的学生，他们的智商并不低，关键就在于他们过分地注重了学习成绩，而忽略了情商在学习中的作用。

而缺乏这些必要的心理素质，一旦遇到学习上的难题或遭到挫折，就会无所适从，甚至自暴自弃。我们可以有意识地阅读健康有益的课外书籍，领略名人的奋斗历程和成功经验；经常参加一些小发明、小制作和各种文体活动，有选择地参加自己喜爱的活动，从中获得愉悦的情绪体验。参加这些活动，不但不会增加学业负担，反而可以促进学习，使我们精力充沛、信心倍增。还可以设立进步奖励，对自己取得的每一点成绩都进行鼓励，让自己清楚地看到自己的进步。

4. 利用好学校的心理健康教育课程

可以通过心理咨询，了解自己内心深处的想法，倾听自己的心声。通过心理健康教育课程，可以帮助我们了解心理方面的问题，正确指导我们的行为，促进我们身心的健康发展。

影响学习的原因是多方面的，而心理原因则是其中一个容易被忽视而又非常重要的因素，应该引起重视。

如何才能得到老师的注意

以下是初三学生张涛的自述：

新学期以来，每当我进教室，都是直接走到教室的角落里。上课时也保持沉默，既不抬头，也不吱声，从未举手发言。要交的作业中，也不会有我的名字。

在别人眼里，我一身脏兮兮，衣服的袖子都破了，蓬头垢面，不梳头，不洗脸，身上还散发着汗臭味。我的座位与其他同学的座位也尽量隔开了。

班主任让科代表告诉我，到办公室解释一下不写作业的理由。

“今天的作业咋又没交，给我一个理由，好吗？”

“小学老师从来不收我的作业。”我的声音压得低低的，只有我和老师两个人能够听得见。

“你现在跟上小学时一样吗？”

“不一样。”

“哪里不一样？”

“我是初中生了，长大了。”

"是啊，长大了，就该更懂事了。"老师又说，"明天收上来的作业中，我希望能见到你的名字。"

青春寄语

故事中的张涛是否有你的影子？"角落中的孩子"独处一隅，冷眼旁观世界，眼中没有希望，身边没有关怀。

这些被遗忘的群体，他们封住了嘴巴，关紧了心门，总用一双带着猜忌的眼睛来看待周遭的人和事。他们的情绪不稳定，很容易被周围的环境所左右。他们性格内向、自尊心强，由于孤独而产生了较强的自我保护意识。

每个孩子都渴望被尊重、被关注、被理解。幼小的心灵遭受长期的漠视后，会陷入对真情的怀疑中，会影响他们以后的处世方式。"角落中的孩子"也渴望被关注，但又怕别人的同情怜悯损伤了自己的自尊。他们并不想成为老师同学眼中的另类。

如果你真的被遗忘在了角落，你会怎么办呢？如何改变这种状况？如何让自己回到大家的视线之中，成为品学兼优的孩子呢？

1. 要转变观念，要相信自己一定能学好

珍惜每一个表现的机会，让自己明白"没有天生的失败者"，从而培养自己的自尊和自信。

著名特级教师于永正在一次公开课上指导学生有感情地朗读课文，此时高高举起的小手如林，而一位低头不语、十分腼腆的小男孩引起了于老师的关注。于老师在得知小男孩不敢站着朗读时，走近小男孩并弯下腰微笑着说：“那就坐着读，于老师为你撑腰！”

顿时，全班学生和听课老师都情不自禁地鼓起掌来。小男孩在于老师的鼓励和大家的掌声中，坐在自己的座位上读完了课文。于老师趁势引导鼓励，小男孩充满自信地站起来读了第二遍，读得既流利又富有感情。老师的关爱及激励的话语叩开了小男孩尘封的心扉，让他找到了自信和勇气。

你也一样，如果遇到这种机会，一定要把握住。说不定你就会因为一次朗读而改变。

2. 要正视自己的问题，认真解决

有些孩子，特别是一些单亲家庭的孩子和留守子女，更渴望爱的滋润。你要多多跟同学们或者老师沟通。只要你打开心扉，里面丰富的礼物会让你心满意足。如果你不善于口头交流，你可以写一封信，放在你的作业中，放在老师的抽屉里，那样老师也会帮助到你。

“精诚所至，金石为开。”只要付出了心血，付出了汗水与努力，让大家看到你的转变，就一定能得到老师和同学们的认可，从而告别角落。

不敢和老师交流怎么办

田光学习刻苦，可他胆子有点小，上课时不敢举手回答问题，对于某个问题有自己的想法也不敢说出来。有的时候老师会亲切地找他谈话，可田光除了红着脸低着头，几乎说不出什么来，其实他心里有很多想问的问题。田光常常也责备自己，怎么这么胆小？

青春寄语

如果你也是个“脸皮儿薄”、自尊心强、因为胆小或者怕被责备伤了自尊而不敢和老师交流的孩子，也因为这种“不敢”而沉默不言，一定要寻找解决的方法。否则，你的学习会出现很多不必要的麻烦，也无法搬开学习的绊脚石。

师生交流是很重要的。不管是学习上有疑问，还是老师误解自己，或者是想请老师帮忙以及想增进师生情谊，都需要主动去和老师沟通。如果不主动，那么在学习与生活中的许多问题就会成为自己的困扰。这种交流应该是平等的，虽然我们需要尊敬老师，但不必对老师恐惧和害怕。

如果“害怕自己说的话让老师不高兴”，就需要掌握一些技巧。比如，给老师提建议或指出课堂上的某些错误时要注意场合和方式，要把自己的理解和想法和盘托出，这样老师就会听取你的意见，而不会觉得你是在“找碴儿”。

如果老师对自己有误解，你要主动找老师谈心，让他更了解你，这样才能解除误会。

如果你“害怕别人说自己‘拍马屁’”，首先要反思一下自己有没有“拍马屁”的行为。比如告同学的状，专门捡老师爱听的话说，故意在老师眼皮底下起劲学习、干活等。如果没有，你只需要正常和老师交往就行；如果有，就先把这些毛病改掉。

如果你“害怕老师问起自己不擅长回答的问题”，也不必处处躲着老师，要多和老师交流，这样才能拓展自己的知识。

顶撞老师是勇敢吗

李建是班里的一个“祸害”，不好好学习，而且上课还捣乱，搅得大家都不能安静学习。大家说他也不听，于是班主任让他把家长叫来，想好好吓唬吓唬他，再乘胜追击慢慢让他改进，安心学习。可是当班主任说出“再不好好学习就请家长把你领回家吧”这句话后，李建却大声说道：“你只会找家长告状，回家就回家！”说完拿起书包就想走。

青春寄语

近年来，关于学生顶撞老师的报道屡见不鲜。关于“学生顶撞老师”是否正确的论题，在社会上也时常引发讨论。

苏联教育家马卡连柯说过：“要尽量多地要求一个人，尽可能地尊重一个人。”其实，人人都渴望被尊重，青少年更是如此，特别是自尊心极强且又敏感的青春期男孩，更加渴望被尊重被认同。他们不仅渴望得到家长、同学的尊重，更渴望得到老师的尊重。有时老师在处理问题时，可能方法有些欠妥，这就会严重挫伤学生的自尊心，便容易发生学生顶撞老师的事。

学习的最高境界是要有独立思考的能力，具备创新意识，所以以听话与否为衡量学生好坏的标准的时代已成为历史。“吾爱吾师，吾更爱真理。”师道尊严，在今天仍是可行的，但随着时代的进步，男孩子心理特点的发展应该有新的概念。

现在的孩子大都是独生子女，在家骄纵蛮横，自主和维权意识比较强，可若将这些特点带到学校里来，则易使师生关系发生改变。比如，以往老师在你心目中处于绝对崇高的地位，如今，你要求与老师“平等”，这些本无可厚非，但却并不等于将老师当成完全为自己服务的人，稍有批评便恶语相向。

顶撞老师是不礼貌的行为，并不代表“独立”和“主见”。

你或许是家里说一不二的“皇帝”，但却不能在学校“称王称霸”。老师批评你或许有不妥之处，但下课后找老师谈谈，远比当堂顶撞要好得多。这样还会加深彼此的了解，让误会烟消云散。

如果你想通过顶嘴这个方法引起老师的注意，其实大可不必。课下找老师谈谈，说出你希望被他关注，希望他能够多帮助你的想法，远比顶嘴效果要好得多。作为一个男子汉，应该学会用理智成熟的办法来解决问题。

◇ 我不愿意做“坏学生” ◇

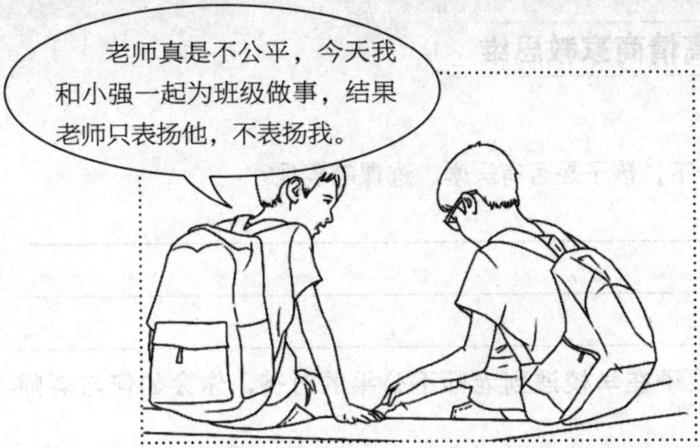

建议你遇到不公平的事情时，要以积极的心态来面对“不公正待遇”，不要钻牛角尖，更不要因为没有得到表扬就气愤，甚至自暴自弃。

男孩们在学校能学到很多新的知识，并且找到和发展自己的兴趣，或许这个兴趣就会是你今后的职业方向。

你要珍惜每一个表现的机会，让自己明白“没有天生的失败者”，从而培养自己的自尊和自信。

高情商家教思维

1. 观察一下，孩子是否有厌学、逃课等表现？

2. 如果孩子在学校遇到老师不公平的对待，你会如何与老师沟通？

3. 你关注孩子在校园的生活状态吗？你会主动询问孩子在学校的感受吗？

4. 当孩子因为学习差而烦恼时，你会如何帮助他解开心结？

5. 孩子在学校与老师、同学相处不融洽，会向你诉说烦恼吗？如果说了，你会如何与孩子沟通？

第五章

情窦初开，花样年华的困惑

暗恋不可避免，但要学会自控

曾在一个男孩的日记本里看到这样一段文字：

我想我喜欢上了云。课上我的目光经常不自觉地追随着她，看她在做什么，有没有听课，在和谁讲话；平时看到她跟异性说笑我会吃醋，会不高兴；在发呆或者其他空闲的时间里，会想这个时候她在干什么呢；晚上常常失眠，搂着松软的棉被，我的脑海里全是她的一颦一笑。

青春寄语

对于正处于青春期的男孩来说，有喜欢的人是很正常的。随着生理上的日益发育成熟，性意识的萌发，无论男孩还是女孩，都可能会对异性产生好感和爱慕，希望与有好感的异性相互接近、了解、交往并结为朋友，这是非常正常的青春期心理现象。

当男孩陷入感情的旋涡时，男孩会很矛盾，每天都感觉备受煎熬，因为一方面男孩怕它会影响学习，另一方面又渴望与她有更多的接触。

有位作家说过，暗恋是一朵带刺的玫瑰，我们常常被它的芬芳所吸引，然而，一旦情不自禁地触摸，又常常被无情地刺伤。

暗恋不可避免，但要学会自控。

知道恋爱的终点是什么吗？是婚姻。而走进婚姻，就不得不考虑未来，比如说考虑以后在哪个地方生活，从事什么样的职业。青春期的男孩还在求学阶段，发展恋情是不是早了些？过早发展恋情，往往很容易阻碍理想，这样做值得吗？作为青春期的男孩，你希望能够独立思考和处理自己的事情，那么，就来认真理性地看看下面这个例子吧。

有个男孩这样说：

在决定与她在一起之后，我告诉自己，一定要做到恋爱、学习两不误，但我发现要真正做到这样真的很难。一天 24 个小时，大部分的时间我都在想她，能看见她还好，看不见的时候就会胡思乱想，心里发慌。上课的时候总是精神恍惚，听不进课，课后也没心思认真写作业，因为想她，半个小时也看不下一页书。结果，我想象中的“双赢”根本就没做到，恋爱谈得马马虎虎，成天患得患失，学习成绩也下降了一大截。

的确，要做到恋爱学习两不误是不可能的，恋爱的时候常常要把心思放在对方身上，这样就不能一门心思地认真学习，学习成绩怎能不受影响呢？

决定与对方在一起之前，请先认真思考这样几个问题：她是我最好的选择吗？我的未来在哪里？恋爱可以不影响成绩吗？我和她恋爱，是害她还是爱她？相信你的心中已经有了一个非常正确的答案。所以，如果喜欢她，默默地把心中这份“喜欢”收藏在你的青春日记中就足够了，千万不要让它变质。

偷偷喜欢一个女孩——对异性倾慕很正常

一天下午，咨询室里来了一个腼腆的男孩。

男孩一坐下，就从自己的裤兜里掏出几张纸条，放在了老师的面前，对老师说："老师，您看看这个。"

老师奇怪地看了一眼这个叫亚丁的男孩，拿起了那几张皱巴巴的纸条迅速浏览了一遍。

原来，这些纸条都是亚丁写给一个女孩的"情书"。

"我很迷恋你的美丽，想和你说话，你能跟我说说话吗？"

"放学后，你在校门口等我好吗？我陪你一起回家。"

"我每天都很想见你，希望能够看到你，你明白我的心吗？"

看完纸条，老师问亚丁："能跟我讲讲这些纸条的故事吗？"他是个不善言谈的男孩，需要老师不断地询问和挑起话题。

"我很喜欢我们班的一个女孩。"亚丁坦言说。

老师心想：这真是个天真可爱的男孩，虽然身高近170厘米，可他的言行却显露出很多不成熟。

“这个女孩很漂亮，坐在我前面。我从来没跟她说过话，但我很喜欢她，给她写了很多纸条，可我迟疑了很久，却没勇气把纸条交给她。”这一次，亚丁一口气说了很多。

“哦，祝贺你，你长大了，开始喜欢女孩子了。”老师以轻松的口气对他说。

“祝贺我？难道你不觉得我变成了一个坏男孩吗？中学生应该好好学习，不应该谈恋爱的。”大概是轻松交谈的气氛让亚丁放松了心情，他开始大方地与老师交流。

“怎么会是坏男孩呢？青春期男孩喜欢异性很正常啊，歌德不是说过，哪个少男不钟情，哪个少女不怀春吗？你要接纳这种情感。虽然不提倡中学生谈恋爱，但在心里喜欢异性是正常的啊，这不是错，只要不盲目地把这种喜欢当成爱情就可以。”

听老师这样说，亚丁笑了笑，松了一口气。接着，他问老师：“那我该怎么办呢？我很喜欢她，但我从来不敢跟她说话，她更不知道我喜欢她。”

“你喜欢她什么呢？”老师问亚丁。

“我喜欢她的笑容，喜欢她的声音……”

“还有吗？”

“还有……”亚丁说不出来了。

老师沉默了一会儿，对他说：“你还不了解这个女孩，所以你喜欢的只是她外表的东西，或许你跟她交往后，就会发现她也有你不喜欢的地方。”

“哦。”

“在不了解对方的时候，不要将这种喜欢当作爱情。你这种对异性的喜欢，其实很正常很普遍，说不定也有女孩偷偷喜欢你呢。”

亚丁忍不住笑了。

“你可以把对这个女孩的喜欢藏在心底，当作一种美好的回忆。该干什么就干什么，多参加一些有益的文体或其他活动，时间久了，你或许会发现，你对她的喜欢会有变化。”

“哦。”此时的亚丁已经完全放松了心情。

“好吧，把这种对女孩倾慕的感情化成动力，让它健康发展，把主要的精力和时间放在学习上，放在提高自己的各种能力和素质上，将来，说不定你会遇到更优秀的女孩呢。”

“好的，我会努力的！”亚丁最后开心地离开了办公室。

青春寄语

喜欢、倾慕女孩，这几乎是每个青春期男孩都会遇到的，是男孩性意识发展正常的表现。当喜欢上某个女孩时，男孩不要过于压抑自己，可大大方方地与对方交往，并将这种喜欢转化为努力学习的动力。但也不要轻易向对方表白，因为这种喜欢很多时候不是爱，而仅是一种对异性的好感。作为“男子汉”，青春期的男孩要学会负责与担当，特别是在对待感情方面更是如此。一定不要轻易地表白，特别是在自己都还没有弄清楚这份情感的性质时，更是要谨慎对待。轻易地表白，不仅会破坏心中的那份小美好，还可能会给彼此带来伤害。此时，该怎么办呢？

男孩为倾慕异性而烦恼时，要尽量转移注意力，丰富自己的生活，多进行一些有益的活动，扩大自己的交际圈，多交一些朋友。

说不清“喜欢”的滋味

有时候秀林会做许多自己都无法理解的事情：每节课下课时都要故意走过她的教室，从教室门口往里望她的身影；和窗户边的同学换座位，只为了看她上体育课；放学后总是在她的教室门口徘徊，然后偷偷地跟在她后边走；有意无意地跟同学们询问起她的事情来，甚至打听她考了多少名，只是为了下次全年级考试的时候，能按年级排名排在她的前后座。秀林觉得自己迷上那个女生了，他时常在想，我是恋爱了吗？

青春寄语

每个男孩心中对于青春的记忆，总有那么几件糗事儿，几分惋惜，也总有那么个女孩的笑容在心中久久萦绕。只要自己不冲破理智和道德做出伤害彼此的事情来，男孩和女孩间这种高于友情的情感一般不会对学习造成重大影响，相反它还可能是学习的动力。

如果只是喜欢她，又不想给彼此带来太大的困扰，就需要把握好一定的尺度，不妨尝试一下下面几个小技巧。

1. 淡化对对方性别的意识，不要羞怯扭捏，更不要神神秘秘，交往时自然就会落落大方。

2. 广泛交往，不要和某个女孩子来往过于亲密。广泛接触，利于男孩认识、了解更多的女孩，对女孩子有更全面的理解。这样，男孩就会认真考虑和她的关系到底归结为哪种情感。

3. 把握好两人交往的心理距离，不要做出让双方情绪波动的事。

4. 学习异性人格的长处，不断完善自我人格，避免自恋。

5. 优势互补，学会接纳、理解和包容，为今后高质量的与异性交往打下良好的基础。

被拒绝怎么办

小乔和一位高中同学刚开始只是见面点头的关系，后来有了她的电话，经常联系，久而久之发现自己喜欢她了。两个星期以前，他给她买了一顶帽子和一条围巾，然后就告诉对方喜欢她。她知道以后就开始躲他，不与他联系，也不给他一个明确的答案。现在她还戴着他送给她的帽子，但就是不接受他的爱意。他很迷茫，不知道该怎么办。

青春寄语

少男少女踏进青春的门槛时，自然而然会对异性产生好奇与爱慕，与异性交往的烦恼是最常见的问题。尤其是初恋，刚开始的时候感觉非常美好而单纯，然而就是因为它单纯，所以也很脆弱。它的开始往往是迫不及待、无比强烈的，但是这种爱的表达方式不一定会被对方接受，这种爱也未必会得到对方的认可。一旦被拒绝以后，当事人就可能会感到失落，从而影响学习。

这种来自对方的不认可，对于一个心智还不是十分健全和成熟的青少年来说，他们的自信心很可能会受到打击。其实这是一种不成熟的看法和心理，因为每个人的形象是由方方面面的因素决定的，而绝不可能是由某一个人来认定的。更何况，在生活中，有多少人能够第一次恋爱就找到相伴一生的人呢？你自己是不是也会拒绝对你有好感并希望发展友谊的女孩子呢？被拒绝并不是什么羞耻的事情，也不值得你从此一蹶不振，搭上自己的青春甚至是整个人生。青春期的男孩应该养成大度的心胸，认真而豁达地看待得失，不必耿耿于怀。古人说得好：莫愁前路无知己，天下谁人不识君！只要你有足够的信心和毅力，认真地对待自己的生活和学习，努力扩大自己的人际圈子，自会找到欣赏你的人。

其实，一个快乐而成功的人首先需要的一点就是自信。这种自信不是天生的，而是人们在生活经验的不断积累中培养起来的。人很容易形成对自己的消极想法，特别是遭遇挫折之后。青春期男孩的自尊心强，情感稚嫩，更易受伤害。为了不让自己长期陷在不愉快之中，也是有许多方法调整心态的。例如适当地转移注意力，全身心投入学习，积极参加运动和娱乐活动，尽量让自己生活在集体之中，这样可以逐渐排解掉不良情绪。

当感觉到失望的时候，不妨转移一下自己的注意力，多想想自己的长处和成功的经历，哪怕是微小的进步也会让你感觉骄傲，自信也就会在这种骄傲中得到重建。如果实在觉得难受，可以邀好友聊聊天，倾吐心中的不快，以发泄自己的情绪，但一定不要因为对方的拒绝而长时间无法自拔。

收到“情书”了，怎么办

男孩收到女孩的情书，这是一件值得庆贺的事情。这说明他长大了，开始吸引异性的目光了，开始受到异性的喜爱了。男孩没有必要为此感到羞耻或者不好意思，更不必为此有过重的心理负担。

青春寄语

处于青春期的男孩正是学知识、长身体的重要时期，这一时期身体各器官尤其是性器官正处于发育的阶段，记忆力、思维能力、学习能力、精力和热情等都比成人更强、更旺盛，从这个意义上说，青春期是人生中学习和成长的“黄金时期”。因而，学好文化知识，锻炼和培养较强的身体素质、心理素质、思想素质是青春期男孩的重要任务。如果错过这一黄金时期，以后培养各方面的能力和素质就可能会事倍功半。

严格说来，青春期男孩女孩的感情算不上是爱情，更多的是一种朦胧的好感、表象的喜欢，只是被对方某一个表面的优点所吸引，比如帅气、美貌，动听的声音，温柔或勇敢的性格，还不能全面而深入地了解对方。异性相吸是自然界的法则，也是人类社会的规律，尤其对于青春萌动的中学生，两性相吸是很自然的事情，男孩只要有某一点或几点被异性欣赏的优点，就很容易吸引女孩的目光。

真正的爱情是与责任相伴随的，真正的爱需要给对方幸福。要让对方幸福需要很多条件，比如一定的物质条件，爱的能力，解决现实中困难的能力，与对方同甘共苦的能力，正确处理双方家庭及朋友关系的人际交往能力，等等。而处于青春期的男孩对自己都负不了责任，还要在经济、生活、情感上依靠父母，当然也就无法对喜欢的女孩负责任了。可以说，青春期的恋爱只是一种心理上浅层的喜欢，要实践真正的爱情还没有足够的条件。

当男孩收到情书时，不妨写一封回信表达自己的想法，委婉地拒绝她爱的请求（当然拒绝不一定就代表永远的拒绝，而是激励对方现阶段将精力更多地转移到学习和锻炼各种能力上）。可以这样对女孩说："感谢你对我的认可，你是一个活泼开朗的好姑娘，我也希望和你永远是好朋友。不过，我们现在还小，还不懂得真正的爱情，我们现在的主要任务是搞好学习，是培养和锻炼自己各方面的能力和素质，你觉得呢？让我们一起为了考一个更好的大学、为了取得各方面更优异的成绩、为了更美好的前程而努力吧，相信到那时，我们会收获更多的幸福。"然后双方都努力将精力投入到学习、参加各种活动、做更加有意义的事情的实践中来。

男孩应继续大大方方地和写情书的女孩交往，就当她是和其他同学一样的好朋友，不要刻意地对她好，也不要刻意地躲避她。同时，要以同样的态度和其他的同学交往，多参加各种集体活动，并且也要鼓励对方这样做。随着学习生活的日渐丰富，也许人的精力就会逐渐从“爱情”这个问题上转移开，投入到更加有意义的事情中去。

对于女生的情书，男孩只要处理得好，在尽量不伤害对方的情况下暂时巧妙地拒绝，就会将这种异性间美好的情感转化为努力学习、努力奋斗的精神动力，就会让这种美好的经历成为人生珍贵的回忆。

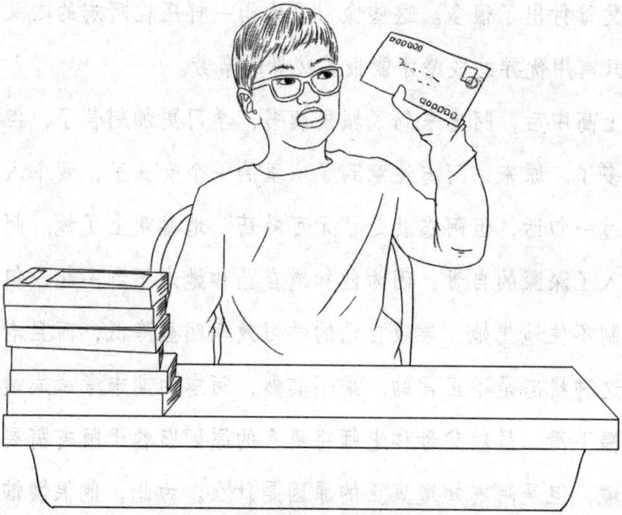

我心中住进了一个“白雪公主”

阿志的家在农村，而且是大山里的农村，条件的艰苦不是一般人能想象到的。为了供阿志上学，期盼他有朝一日能够走出大山，父母付出了很多。这些像一座大山一样压在阿志的心头。他知道只有用优异的成绩才能报答父母的辛劳。

上高中后，阿志来到了城里读书，学习更加刻苦了，但是心事也多了。原来，阿志注意到了班里的一个女孩子，两个人从来没说过一句话，但阿志就是“无可救药”地喜欢上了她。阿志为此陷入了深深的自责，因为他知道自己和她走不到一起，但是还是控制不住地想她，导致自己的学习效率明显降低，而且老是走神，这种状态是不正常的。果不其然，阿志的期末考试成绩出现了大幅下滑。虽然父母和老师将更多的原因归咎于阿志需要适应新环境，但是阿志知道真正的原因是什么。为此，他很懊恼，但是又找不到解决的办法。

青春寄语

青春期男孩对异性产生爱慕心理是很普遍的，因此早恋发生的概率很高。同样的，也因为对异性的爱慕，很多青春期男孩爱上某个人，而那个人却不知道，这种情况也很常见，这就是我们常说的青春期单恋或暗恋。

虽然说这种单恋或者暗恋很正常，但是因为青春期男孩普遍自控力较弱，脑子里抹不去“白雪公主”的身影，睡梦中也可能出现，总会因为这种事情影响学习和休息，导致身体发育也受影响。

像上面事例中的阿志一样，很多青春期男孩都会发生类似的事情，但是最让他们苦恼的并不是自己喜欢的人不知道，或者自己喜欢的人不喜欢自己，而是他们不知道该如何理智、合理地处理这件事情，解决这件事情对身心和学习的困扰。下面，我们提出一些可以借鉴的方法：

1．顺其自然而不是刻意压制

感情来了压制是没有用的，相反还可能反抗更猛烈。最好的办法就是顺其自然，用平静的心态来面对，根据不同的情况去处理，自然就会轻松许多。

2．要筑好理智的大坝

青春期男孩的主要任务是学习，这是对未来最重要的积累，而早恋会严重干扰学习，也会动摇未来的基础，影响未来的发展，那可能就会导致不一样的人生，后果是很严重的。青春期男孩要把自己的眼光放得长远一些，用自己的理智战胜情感。

3. 做好心理卫生

青春期男孩性心理早熟的原因有很多，其中很重要的一点是接触了诱惑性的书刊、杂志、网页等。青春期男孩要做好心理卫生，要选择健康的、能给身心带来积极因素的读物，以培养自己的意志力，树立远大的理想。

4. 及时转移注意力

青春期男孩对异性有好感时，千万不要把自己“封闭”起来，而是要通过做一些自己喜欢的或者很少做的事情来获得内心的充实感，从而分散注意力，减少对对方的关注，获得更多的友谊。

5. 学会正确地和异性交往

青春期男孩的成长往往离不开交朋友，而异性朋友同样是必需的。青春期男孩对异性的依恋并不是一件丢人的事情，这与道德品质没有关系。关键是青春期男孩如何正确处理早恋和男女正常交往的关系。不要过分地敏感，不要以为女孩对自己好一点就是爱上了自己，也不要随便就向女孩表达爱意。

◇ 情窦初开，花样年华的困惑 ◇

男孩为倾慕异性而烦恼时，要尽量转移注意力，扩大自己的交际圈，多交一些朋友。

男孩在和女孩交往时，要淡化对方性别的意识，不要羞怯和扭捏作态，更不要神神秘秘，交往时自然就会落落大方。

高情商家教思维

1. 在孩子多大的时候，你会试着跟他聊关于爱情、婚姻的话题？

2. 如果发现孩子对异性过度的关注，你会怎么做？

3. 当孩子有早恋倾向时，你会采取“堵”还是“疏”的应对方式？

4. 当孩子因为单恋而烦恼时，你会采取哪些方式帮他转移注意力？

5. 你会主动与孩子聊友情与爱情的区别吗？

第六章

学会学习，把握学习好时光

你在为谁读书

男孩丁丁和军军升入高中时成绩差不多。

升入高中后，丁丁觉得再也不用在爸爸妈妈的约束下用功学习了，便开始尽情放纵，每日流连于网吧、KTV等娱乐场所，学习成绩“飞流直下”。

军军则从迈进高中校门的那一刻起，就告诉自己一定要为了自己美好的未来而读书，愈加用心学习了。

结果也就不言而喻，高考过后，丁丁因为平时不用功，考得一塌糊涂。没学可上的丁丁，只好参加了工作，但因为知识技能不过关，在工作中总是错误百出，也就一直不受重用。

而军军则如愿考上了一所全国重点大学，在大学的几年学习中，他不断充实自己，大学毕业后，被一家知名的外企招至麾下，前途一片光明。

青春寄语

说到这里，这两位男孩今后的发展会如何，大家心里是不是已经很清楚了呢？是选择前者，还是选择后者，心中是不是也有了一定的衡量？

选择前者，固然能在一定时期内过得逍遥自在，但逍遥自在之后，所要面临的失败打击和郁郁不得志，却不是脆弱的心灵所能承受得住的。

既然如此，要如何做才能让自己在学习的过程中能像个真正的男子汉一样充满激情、昂扬向上呢？

曾经有位教师这样说：

在我上中学时，我就这样告诉自己，将来我一定要做一位学识渊博、受人尊敬的老师。在这个理想的激励之下，我孜孜不倦地学习各项专业知识，不断地充实自己。功夫不负有心人，当我今天能够自信地给学生答疑解惑，当我从学生脸上看到了恍然大悟的释然表情，我真正感到了自己所选择的这项事业是多么伟大，多么让我自豪！

每个男孩心中都有着自己的“事业”梦，那如何才能让梦想变为现实呢？不错，只有发自内心地去爱一项事业，你才能热情如火地投入到这项事业当中去，也只有自己真心喜欢做某事，才能经年累月地坚持。

现在好好学习，是为了在未来能从事自己想做的事情，能过得主动和积极，能过得更有意义。

为什么一定要学习

小华抱怨着：

唉，如果天天是周末就好了，或者每天都是暑假就好了，我真的讨厌去学校啊！什么？我讨厌什么？好吧，我讨厌早起、讨厌上课，讨厌每天晚上要做到10点才能做完的作业。学习最讨厌的英语对我来说，是一个折磨。

不仅是这些，三天一小考，一周一大考，真让人受不了。因为成绩不好，放学后还要留下来接受老师的“谆谆教导”，这也很伤我的自尊心。

学习对于我来说就意味着压力，要是能够生活在一个不用学习的世界就好了。当然我也希望自己的成绩能够好一些，但还是想不通，不知道自己为什么要学习。

我记得小时候，我们家门前的过街天桥上有一个乞丐。每次经过乞丐身边的时候，妈妈都跟我说：“你看这个乞丐，多可怜啊。你要是学习不好就会变成这样，所以你得好好学习，知道吗？”所以有一段时间，我为了不当乞丐而努力学习，但是如今我不觉得学习不好就会成为乞丐。我刚才还在想有没有什么借口可以不去上学。不只是今天在想逃学的借口，每天睡觉之前，为了第二天不去上学，我都要冥思苦想一番："怎么才能不去上学呢？"

自从上次装病被爸爸拆穿，暴打了我一顿后，我就再也不敢装了，除非让我去上一个月的表演课！

但是怎么想都想不出什么好办法，有的时候真恨自己为什么身体不出点啥毛病呢？最普通的腹泻也好啊，偏偏我好像什么时候都健健康康的，看起来别提有多棒了，所以装病都不像。

唉，我真的不想上学啊，真不知道读那么多书有什么用？

青春寄语

对于青少年来说，最烦恼的问题可能就是学习成绩问题。大概没有人会反对这种说法吧。

与学习相比，青春期的男孩好像对电脑、手机、游戏、音乐更感兴趣，还有一些人每天用幻想打发自己的时间，也有人什么兴趣都没有。即便这样，他们的大部分时间还是要在学校中度过。当然，有时候他们也会因为学习成绩不好或是什么突发事件而不想上学。

那么，该怎样解决这个问题呢？

首先，要知道自己是人生真正的主人，学习是为了自己，从这个意义上说，学习也许不是一件令人愉快的事，但是要明白，它却是今后人生成功的阶梯。

其次，不要把学习想象的那么困难，其实我们每天都在学习，想想小的时候，什么都不会，什么都不懂，现在掌握的所有生存技能，不都是一点一点学习得来的吗？学习是一个自然而然的过程。

如果不愿意上学，那就想一想上学的好处吧。在本子上写上“我上学的好处”，然后将自己认为是上学的好处的事情一条一条记录下来，比如：好好念书—上大学—学习我喜欢的建筑专业……想一想未来的自己在著名 IT 公司从事自己喜欢的工作，想一想未来的自己身穿西装出入高档写字楼的身影，想一想未来的自己伏案桌前攻克一个又一个科学难题的样子，想一想未来的自己……这样，你就会知道上学是很有必要的。

厌学心理要不得

邹涛从上学开始，一直是老师和同学眼中品学兼优的学生，成绩稳居年级前三，每年的三好学生都少不了他。邹涛如愿以偿考进了重点高中，他对自己的高中生涯做了很好的规划，他从内心渴望还能够像小学和初中时一样风光、令人羡慕。

开学伊始，邹涛在感到新鲜的同时也感受到了一些压力，这在以前是从来没有过的。期中考试时，他考了全班第五名，在年级里估计得排到十名左右去了，这对他来说简直是无法接受的。短暂的沮丧之后，他决定奋起直追，虽然成绩有所提高，但是他觉得一点儿也不轻松。为了提高成绩，他几乎把所有的课余时间都花在了上补习班上,对其他方面的涉猎自然就少了很多,后来几乎全都停止了。

渐渐地,他又感受到了压力,上体育课,同学们都在踢球、打球,可是邹涛什么都马马虎虎的，别人都不愿意带他玩；下课看着同学们激烈地争论时事,邹涛一句话也插不进去,因为他根本就没关注过。

邹涛想融入同学们之中，于是，他开始练习踢足球、打篮球，看新闻、听广播，可是这样一来，他又觉得自己的学习时间被压缩了，担心成绩降下来，弄得自己很焦虑、很苦恼。时间一长，他开始害怕上学，怕见到老师和同学。每天晚上睡觉前，他都会想：要是天不亮就好了；要是每天都是星期天该有多好；要是我今晚生病了，明天就不用去上学了。

青春寄语

上面事例中邹涛的情况是厌学心理的一种反应。当然，厌学心理不只这一种，它的表现是多种多样的，如头痛、头晕、失眠或者睡眠障碍、腹痛、胸痛或者胸部憋闷感，甚至还有乏力、心慌、心悸、恶心呕吐等躯体症状。

但事实上，很多家长、老师对这一问题的认识明显不足，很多人把青春期男孩的厌学心理简单地归结为讨厌上学，甚至认为是以此为借口拒绝上学。也就是说，在他们看来，孩子的厌学心理不是病，而是一种纯粹的逃避行为。基于这样的认识，家长、老师在面对青春期男孩的厌学心理时，总是采取简单粗暴的态度加以制止，而不去思考导致青春期男孩厌学的深层次原因，导致他们的厌学心理更加严重。因此，找到青春期男孩厌学的真正原因是解决这一问题的根本之法。

1. 对厌学要有清醒、合理的认识

青春期男孩产生厌学心理是一种心理疾病，而且是青春期常见的心理疾病之一，是青春期男孩诸多学习心理障碍中最普遍、最具有危险性的问题。因此，有必要慎重对待，合理、科学地认识这一问题。

2. 青春期叛逆的结果之一

在小学和初中阶段，男孩对父母是一种完全的依赖关系，有的孩子为了得到父母的欣赏或是因惧怕于父母的威严而努力学习，其学习动力主要是来自父母的态度。进入青春期后，青春期男孩开始努力摆脱父母的管束，试图建立自己的人生坐标，对父母的依赖性减弱，为父母而学的学习目的随着成长逐渐失去激励作用，于是便会出现厌学心理。

3. 对学习存在认知上的偏差

由于接触的范围扩大，青春期男孩有了自己的独立意识，开始为自己描画一个未来的理想自己。这时候，明星的榜样作用占据了主要位置，他们希望自己也能和这些明星一样，于是对学习功能产生认知上的偏差，认为读书根本就是浪费时间、浪费青春。

4. 厌学心理导致身体不适

当青春期男孩产生厌学心理后，会导致身体出现一些不适的症状，比如头痛、头晕、失眠、乏力、心慌、恶心、呕吐等，这些症状会促使他们更加远离学习，而且感到好像只有不学习才能达到心理平衡。于是，他们不愿做作业，不认真听讲，经常违反课堂纪律，时常迟到、早退、旷课、逃学，有的干脆弃学出走或辍学；对老师、家长提出的学习要求，更是常常故意抵触。

5. 缺乏学习兴趣，导致学习态度消极

对学习没有兴趣，体会不到学习的乐趣和成就感，再加上因老师和家长施加的压力而勉强学习，导致时常伴随着不愉快的体验，如焦虑、紧张、恐惧、羞愧、内疚、厌恶等，久而久之，学习完全变成了一种应付差事。

找到了导致青春期男孩厌学的深层次原因，就可以有针对性地做出改变了。

首先，端正学习态度。所谓学习态度，就是对学习的看法、情感，以及决定自己行动的心理态度。对于学习的看法，即是青少年对于学习目的、意义的看法，这包括学习是为了什么，学习能给自己带来什么，学习的重要性等；对于学习的情感，即是在学习活动中的情绪状态和情感体验，这包括学习的兴趣、乐趣、成就感；态度，即是打算如何学习，如何达到学习的目的，这包括学习方法、学习投入程度、学习的途径等。这其中，情感因素是核心，起决定作用。因此，青少年要从认识上对学习重视起来，用良好的心态来学习，就能体会到学习的乐趣了。

其次，克服自卑心理。厌学有一个很重要的原因是学习态度消极，而导致学习态度消极的一个很重要的原因是自卑。其实，成绩不好的男孩，很少是因为他们的学习能力有缺陷，更多的是因为他们对学习的认识不足。青春期男孩很在乎自己的面子，而且常把学习的好坏和面子直接挂钩，如果学习不好，他们就会感觉特别没面子，觉得家长、老师、同学都会讥讽、嘲笑自己，时间一长，就会自卑。事实上，只要掌握了正确的学习方法，成绩完全是可以提高的。青春期男孩正好可以将在乎面子的心理转化成学习的动力，树立自信心，爱上学习，从而提高学习成绩。

最后，学习要勤奋刻苦，要强迫自己坐下来。就学习而言，即使掌握了正确的方法，也需要投入时间和精力，否则是很难见成效的。另外，青春期男孩好动，很难坐得住，这无形中就减少了学习时间。因此，先强迫自己坐下来，通常在 5 ~ 10 分钟之后就会进入学习状态。

学习，让我怎么爱上你

小兵是初中二年级的学生，在班上的学习成绩中等偏下。小学时，小兵的各科成绩都还不错，处于中等偏上的水平。进入初中以后，小兵的学习成绩开始有些下滑。为此，小兵的妈妈非常着急，认为是小兵学习不够努力，经常批评小兵做作业不专心，不好好复习……批评多了，小兵对妈妈就有了不满的情绪，不止一次和妈妈争吵。

小兵的妈妈向老师诉苦："唉！老师，我们家小兵学习成绩为什么就是提不上去啊？每次我叫他看书，他拿起书来，看着看着就开始打哈欠，都要睡着了！还有，他做个作业能做半天。别人一个小时就做完了，他非要磨蹭两个小时，就连拿个橡皮也能拿半天。那次，我看要单元测试了，让他复习复习。哎！结果他竟然说，'有什么好复习的'。我又问了半天，他才冒出一句，'学习没什么意思，有什么好学的'。老师，你说这可怎么是好？"

妈妈为小兵的厌学烦恼得不得了，而小兵却好像一点也不着急。他觉得学习一点意思都没有，也没有什么用。他觉得自己好像不是学习的料，不管怎么努力，成绩都没有提高。这让小兵丧失了对学习的信心，有点自暴自弃了。

其实，小兵内心深处也很着急，他不知道到底是怎么回事。为什么每次上课的时候都觉得老师讲的内容就只是一个个字符，自己怎么也理解不了其中的意思；而看到那些作业题，小兵就觉得头大，感觉都不会做。用一句话可以形容小兵的情况，“这些知识，它认识我，而我不认识它”。

渐渐地，小兵对学习丧失了信心。他开始不想做作业，不想上课，不想去学校。而父母却又不停地批评小兵不认真学，这让小兵觉得异常烦恼。

青春寄语

小兵的父母对于小兵有着极大的期望，然而，他们并没有去仔细探究小兵为什么会不想学习，或者说，为什么学习起来会没劲儿。这并不是因为小兵不想学，他自己也是想学的，只是屡次的失败打击了小兵的信心，让他对学习没有了兴趣。

学习兴趣对于学习成绩的高低起着至关重要的作用。

从心理学的角度来说，兴趣是一个人倾向于获得某种知识的心理特征，是可以推动人们求知的一种内在力量。当学生对某一学科有兴趣时，他就会持续地专心致志地钻研它，从而提高学习效果。

兴趣可以诱发人主动学习，可以提高学习效率。兴趣并不只是天生的，还可以后天培养，人们能够从学习中产生新的兴趣和提高原有兴趣。学习兴趣既是学习的原因，又是学习的结果。

既然学习兴趣是可以培养的，下面就来看一下如何培养青春期男孩的学习兴趣吧。

1. 树立坚定的信心

学习兴趣并不是一朝一夕就可以培养起来的。在培养兴趣的过程中，我们会面对失败，面对学习中的难关，甚至有可能会一次次地跌倒，而能不能再站起来就是培养学习兴趣的关键。

我们在培养兴趣的过程中，要善于发现自己的进步，从自己的失败中去寻找闪光点，这才能够促进我们更快地培养学习兴趣。在我们开始培养自己的学习兴趣的时候，要做的第一件事情，就是要树立坚定的信心，相信自己通过努力一定可以培养起自己的学习兴趣。

2. 了解自己已有的学习兴趣

相信每位青春期男孩都有自己的学习兴趣，千万不要说没有。如果你说了没有，那么只能说明你没有去了解自己，或者你还没有发现你的兴趣。每一位青春期男孩都是有自己的兴趣，或者是体育，或者是音乐，或者是数学，也可以是其他任何兴趣，甚至说对吃的东西有兴趣，那说不定以后会是名闻天下的美食家或者厨师。

从你自己已有的兴趣出发，树立自己最基础的信心："我是可以的，你看，我在 ××× 方面就做得很好，其他方面也是可以的。"这样的信心有助于培养学习兴趣。

3. 坚定学习取决于自己的理念

不要把自己对学习没有兴趣的原因归结于老师讲课讲得不

好。学习是自己的事，虽然老师的讲课对学习有着比较重要的作用，但那并不是全部。当你说一个老师让你对某学科没有了兴趣时，也有同学对那门学科有着浓厚的兴趣。

老师对于学习兴趣的作用仅仅在于，他尝试去诱发你对这门学科的兴趣。他采取的方法并不一定对所有的同学都有效，这就需要靠我们自己去发掘对这门学科的兴趣。坚定学习兴趣靠自己培养的理念，因为始终只有自己才能够第一时间知道一种方法、一种手段是不是真的能够培养自己的学习兴趣。如果不行，自己也能够在第一时间调整方法使之适合自己。

4．时间限制

所谓时间限制，就是要在做课后训练的时候给自己一个时间的限制。如果你要做数学作业了，那么你就应该告诉自己要在一个小时以内做完。如果能够提前保质保量做完，那么这一个小时内剩下的时间就可以用来做一点其他你感兴趣的事情。

这样做的目的，主要是提高自己对某一学科的信心，因为当你集中精力去做一件事情的时候，效率总是会高很多。当你提前做完作业时，你就会发现，原来数学也并没有那么难，“我”在一个小时内就可以完成。

也可能你不能在规定的时间完成目标，但不要紧，因为你会发现你所花的时间已经比平时要少了，而且这也可能是你高估了自己的能力。那么这时候，你就要把规定的时间适当地延长，使之更加符合自己的效率。

5. 交流沟通

在学习的时候，一定要注意与同学、老师、父母多沟通，多交流。在交流的过程中，你可以发现自己的问题，并且还可以与他们讨论这些问题，从而去解决这些问题。

6. 不断提问

当你在生活中发现了一些问题时，请千万不要放过它们，要记得带着这个问题去学习，去寻找答案。当你期望着能将这个问题解决时，你自然就有了学习的兴趣。

蒸汽机的改良就是源于瓦特对于水壶的观察。瓦特发现水在烧开的时候，水壶的盖子会不停地响动，瓦特就开始提出问题：为什么它要响呢？正是在解决这个问题的过程中，瓦特发现了蒸汽的作用，改良了蒸汽机。如果你能在生活中发现一些有趣的现象，并试着去寻找产生这些现象的原因，说不定你以后也会成为一名科学家。

张弛有度，高效学习

小志上了高中后，在学习上自觉、主动了许多，每天回到家，只要没有别的事情，他就把自己关到房间里专心学习。

对小志的表现，起初妈妈很欣慰：儿子对自己的学习更有责任感了，不像以前那么贪玩了，这终归是件好事。

一天晚上，妈妈坐在客厅沙发上看小说，爸爸在一旁看报纸，而小志在他的房间里学习。

不知何时，爸爸已躺在沙发上睡着了，大概是累了。妈妈去给爸爸拿来一条毛毯盖上。

房间里很安静，妈妈沉浸在小说情节里。

等妈妈终于看完了这本小说，才发现时间早已过去了快两个小时，马上就要到一家人休息的时间了。

这时，妈妈才意识到，小志还在房间里学习。

妈妈站起身，来到小志的房间，问他："小志，你学了多长时间了？我怎么没看见你出过房间？"

小志抬起头，看看挂在墙上的钟表，回答说："哦，我已经连续学习了两个小时了。”他那样子看起来很得意，像是在炫耀自己多么刻苦、有毅力。

“你已经学了两个小时了？你总这样长时间地学习，不累吗？”妈妈惊讶地问小志。妈妈发现他这样连续长时间地学习已经不是一次两次了。

“累是累点，但学习怕累哪行啊？您看，我刚才做了一套数学卷子、一套语文卷子，还预习了英语。您这一说，我好像觉得有点头昏脑涨了，可能真的累了。”

“哦，你早该休息一会儿了。你这样连续长时间地学习可不行，你的脑袋可受不了。”

“没事，妈妈，我现在休息一会儿就好了。”小志对妈妈说。

“怎么没事啊？大脑连续工作时就容易疲劳，此时的学习效率开始下降。所以，学习不到一小时就应休息一下，否则不仅学习效率会降低，还很容易伤害大脑。”

“哦，是这样啊。我是想争分夺秒地学习，不浪费一分一秒的时间呢。”小志有些不好意思地说。

“你珍惜了时间，可是降低了学习效率，总的学习效果反而有可能会下降呢。学习不在于争分夺秒，不在于三更起五更眠，而在于学习效率。张弛有度，才能提高学习效率。”

“妈妈，我知道了，现在就休息去。”已经高妈妈一头的小志站在妈妈旁边，嘻嘻笑着对妈妈说。

“我可不希望你成为一个只知道学习的机器啊，会休息、会学习才是我所欣赏的。”妈妈嗔怪地对小志说。

小志将书本合上，讨好似地对妈妈说：“好好好，我现在就准备躺床上做美梦去。”

“你不用讨好我，讨好你自己最重要，你的身体和脑子可都是你自己的啊。”见小志调皮的样子，妈妈忍不住想笑。

“遵命。”小志又调皮地跟妈妈敬了一个礼，转身去洗漱。

青春寄语

一般而言，中学生的大脑集中精力工作四五十分钟的时间，其工作效率就会下降。

要遵循大脑的工作节律而学习，学习不到一小时就要休息一会儿。所以，青春期的男孩想要更好地学习，就不要长时间地学习，而要让大脑张弛有度地进行工作。

学习时如果感觉累了，就要放松一下，可以做些与学习无关的事情，如做家务、进行体育活动、听音乐等，这样，接下来的学习效果会更好。

每天的学习过程中都要穿插安排适当的体育、娱乐等活动，或学习之余进行一些自己喜欢的活动，或到大自然中去放松一下，呼吸一下新鲜空气。

另外，也要保证睡眠，勤于锻炼身体，保持规律的生活作息习惯。

养成阅读的好习惯

在这个电脑游戏盛行的时代，洋洋最大的爱好却是读书。除了运动，他每天都要抽出一点时间翻翻自己喜欢的书，有时候是名著，有时候是历史，有时候也会是漫画、影评。总之，他见到什么读什么，孜孜不倦地吸收着各种知识。

青春寄语

在人类历史上，不论是国内还是国外，因勤奋读书而改变自己的命运，乃至改变国家、民族的命运，影响人类文明进程的事例有如天上的繁星，数不胜数。他们的故事影响和激励着一代又一代的人，而要认识他们，从他们身上汲取精神力量的最好办法仍是阅读。那么，如何让青春期的男孩养成爱阅读的好习惯呢？

1. 总带一本书

随身带着一本书，有时间的时候就努力去阅读，每天只需花挤出来的几分钟，一周就能读一本书。那么，一年至少就能读 50

本书。

2. 建一个“要学习什么”的清单

可以把想要学习新领域的思路写在上面：或许想掌握一门新语言，或许想学习一项新技能，或者读完《莎士比亚全集》……无论是什么，都要把它写下来。

3. 寻找更多明智的朋友

开始花更多的时间与那些善于思考的人在一起。这不仅因为他们聪明，还因为他们投入了更多时间学习新的知识。他们的好习惯也会在你的身上摩擦出火花，并将激励你更加热爱阅读和学习。

4. 在群体中学习

终身学习并不意味着让自己陷于一堆落满灰尘的课本中，更好的办法是加入教授技能的组织。这种群体学习和小组学习活动，都可以培养自己的学习兴趣、能力和社会经验。

5. 早上 15 分钟

把早上的前 15 分钟定为学习期。如果你发现自己筋疲力尽，你也许想要等一会儿再学，但是不要把它推迟过晚，因为某些紧急活动可能就会把它完全推之门外。

◇ 学会学习，把握学习好时光 ◇

孩子，请记住，现在好好学习，是为了在未来能从事自己想做的事情，能过得主动和积极，能过得更有意义。

不要把学习想象的那么困难，其实我们每天都在学习，想想小的时候，什么都不会，什么都不懂，现在掌握的所有生存技能，不都是一点一点学习得来的吗？

学习不在于争分夺秒，不在于三更起五更眠，而在于学习效率。张弛有度，才能提高学习效率。

高情商家教思维

1. 在提升孩子的学习动力方面，你主要会采用什么样的方式方法？你感觉这种方式方法有效果吗？

____

____

____

2. 在培养孩子的学习兴趣方面，你有哪些自认为有效的方法？

____

____

3. 孩子学习非常努力，但成绩不佳，你会如何帮助他找到原因和解决办法？

____

____

____

4. 孩子具备时间管理能力吗？你会采用什么方法来提高孩子的学习效率？

____

____

____

5. 你平常给孩子买适合他阅读的图书吗？如果孩子不爱阅读，你会如何提高他的阅读兴趣？

____

____

____

第七章

培养习惯，好习惯决定你的一生

及时行动，不拖延

坚持了几个月之后，期待已久的暑假终于来临了。和以前一样，老师布置的家庭作业并不多，除了一本几十页的《暑假天地》，外加几篇作文和数学习题，就再也没有别的了。我想，这下暑假可以好好放松放松了。

就在我准备疯玩的时候，妈妈却给我戴上了“紧箍咒”：每天作业要按计划完成，而且必须要认真仔细地做好，否则就不许出去玩。

按照往常的习惯，我都是先疯玩，到最后关头才会把作业突击做完。说实话，我也知道这样做很不好，因为即使最后自己把作业做完了，却常常不知道那些题做得对不对。

以前我给自己做过很多计划，妈妈也很配合我。为了激励我按计划做事，妈妈对我说，如果能认真完成这些计划，暑假就带我去外地旅游。妈妈的话让我兴奋了三天三夜，之前的每一天我都按计划学习，放学回家后的第一件事是写作业，完了之后再复习一下课文，完成计划才看电视。但终究只有“三分热度”，过了几天，我就把原来的计划忘得一干二净，该怎么玩还怎么玩。到现在我仍然没有能得到去外地旅游的奖励。

上了初三，我仍然很贪玩。还有一年就要中考了，课程也日益紧张起来。我最大的愿望就是能考上本校的高中部，因为这是县里唯一的重点中学，但按照我现在的成绩，有很大难度。可能是因为差距太大，我对自己很没信心，定下的学习计划始终没有实施。

父母都很着急，到学校找班主任商量，最后班主任对我说："既然你都为自己制订了计划，就要立即实施，如果你总是拖延的话，以后可能就没有时间了。你肯定不希望一个小毛病就毁了你的前途吧？"

老师的话真戳到我的软肋了。如果再不行动的话，可能真的就要玩儿完了。

青春寄语

其实，如果这个男孩能像老师要求的那样做，也不会像现在一样为升高中而担忧。学习需要按计划立即行动起来，其他事情也是这样。也许从小学的时候开始，男孩就有着自己的梦想：有一辆遥控汽车，或一只会嘎嘎叫的玩具鸭子。男孩准备积攒足够的钱来实现自己的梦想，但男孩没能坚持积攒零花钱，梦想最终也没有实现。到了初中，男孩希望自己能考到全年级前十名，想归想，但却不肯付出任何实际行动，因而男孩一直在倒数的边缘挣扎。

生活中的大多数事情，如果认真去做的话，很快就能做完；

如果习惯了拖延，没多久就养成了惰性，再小的事情都要做很长时间。更重要的是，虽然男孩浪费了很多时间，但事情却仍没有做好。如果男孩已然发现了这个问题，那男孩是否想过这个习惯实在有必要努力改一改呢？

有很多男孩都有自己的理想和计划，但如果不行动的话，理想只能成为幻想，计划也只能成为空谈。即使这样也仍然有很多男孩不反省自己，只知道为自己不行动寻找各种各样的借口。比如，我没有一个有钱或有权的爸爸，所以我那么穷困；我运气不好，所以我一直没有成功；我没有那么好的学习环境，所以我成绩差……这些不行动的借口五花八门，他们在为自己找借口时却从来没有想过，自己是否付出了积极的行动。

不好好学习，却希望取得好成绩；不积攒钱，却希望自己能买双昂贵的溜冰鞋。没有行动怎么会有结果？其实，之所以男孩不敢行动，有各种不行动的借口，并不是因为男孩不知道行动的重要性，而是出于心态上的患得患失、精神意志上的畏惧困难和习惯上的拖拉成性。

行动创造财富，行动会使你走向成功，现在就开始行动吧！

男孩的计划可能很多，要一步到位显然不可能。如果男孩觉得一个大的计划看上去难以完成的话，不如把宏伟的计划分成很多份，一步一步地去实施。一路坚持下来，你会发现，完成计划其实并不难。

养成不乱花钱的习惯

小时候每年的压岁钱都很多，逢年过节不论是去姑姑家，还是去舅舅姨妈家，都能得到数目不菲的压岁钱。虽然压岁钱不少，但每次回家都要如数上缴，父母警告我如敢“中饱私囊”，将严惩不贷、毫不手软。其实那时候我很乖，即使不是他们要求，我也会将压岁钱交给他们。

随着年龄的增长，我渐渐有了自己的朋友圈，大家最兴奋的依然是过春节，不过这时已不仅仅满足于吃一些好吃的东西，还想拿自己的压岁钱买玩具，然后在小伙伴面前炫耀。也就是那个时候，我对钱的“欲望”越来越大。上了初中之后，几个同学一起玩时，就开始比衣服、比鞋子、比手机了。

有一段时间因为学习压力大，父母让我住校。相比于住在家里，学校的条件要差很多，睡硬的板床，吃大锅饭，但让我满意的是，自己的零花钱多了不少。不过父母控制钱的意识还很强，每次都是估摸着够我花就再也不多给。至于买资料、买学习用具的钱，要临时申请。这也导致我在朋友面前“自惭形秽”，有时候也埋怨父母太抠门。

在我上初三的时候，学习成绩在班级里能排得上前五名，我在想这应该得益于我没有太多的钱花——每次朋友邀请我出去玩的时候，我都婉言拒绝了。不是我不想去，而是我没那么多钱，如果去玩了，那意味着可能好几天我都吃不上饭。因此，当班会上老师让我给大家讲讲我的学习经验时，我真的不知道该怎么说了，难道说因为我没有钱才好好学习的吗？看来节省点，不仅能省下一大笔钱，还能提高学习成绩呢！

青春寄语

养尊处优的生活让很多男孩养成了很多坏毛病，吃饭时挑三拣四，衣服买得不好看还要埋怨半天，花钱大手大脚，从不会计划开支……很多男孩更是因为挥霍而走上了犯罪的道路。举个例子，有个男孩，在学校里不好好学习，经常惹是生非。因为出手阔绰，钱总是不够花，于是打起了身边同学的主意，不是敲诈就是勒索。终于有一次因为抢了同学的五元钱，被请进了公安局。

没错，让男孩好吃懒做，成绩不理想，喜欢上网玩游戏，在高档商场花钱如流水的原因都是金钱，都是金钱惹的祸。但金钱本身是没有罪的，关键在于男孩会不会节省，会不会正确使用金钱。

青春期的男孩可以利用周末或假期的时间做家务、打零工，看看一支冰糕的钱需要发多少份传单才能赚来。在实践中，青春期男孩会发现赚钱并不是想象中那么容易。

活期储蓄尤其是存在借记卡内的压岁钱很容易在意志不坚定

的情况下被花掉，不如把自己手中富余的零用钱存成定期，只留下足够基本生活花销的现金就可以。每次父母给零用钱时，从钱包里拿出 5 元或 10 元钱，放进一个信封。每月把信封里积攒的一定数目的钱存入银行账户中，积沙成塔，钱多了就可以买自己喜欢的大物件，更可以养成节俭的好习惯。

存钱不是最终目的，只是实现目标的手段。把目标统统写下来，然后贴在冰箱上、厨房门上、餐桌上等任何会经常看到的地方，提醒自己还未完成的目标，这样既会增加你存钱的动力，又会让你养成不乱花钱的习惯。

养成科学用脑的好习惯

聂远是个品学兼优的好孩子，爸爸妈妈对他的期望极高。聂远也很争气，学习十分刻苦。特别是升入初三后，以前每晚11点睡觉的他，给自己加了码，把学习时间延至12点半。爸爸看到儿子的这种做法，虽然很心疼，但是心里却又暗暗地高兴。“吃得苦中苦，方为人上人。”这句话是爸爸常用来教导聂远的一句话。可是，意想不到的事情发生了。离中考只有4个月的时候，聂远变得自闭起来。爸爸发现，儿子的笑声不见了。聂远自己也发现，他的学习兴趣好像长着腿跑了。他开始讨厌做习题，但是为了自己的前程，也为了父母的希望，却又无法不把自己终日锁在题海中。不仅如此，曾经让聂远引以为傲的记忆力，此时好像也失灵了，老师讲过的知识他总也记不住。聂远的心情变得差极了。爸爸不明白，儿子到底是怎么了，人们不都常说脑袋越用越好使吗？难道自家的孩子和别人不一样？

青春寄语

“不会休息的人就不会工作。”像聂远那种学习方法早已经让他的大脑超过了负荷。起早贪黑、埋头苦学，让大脑超过了它本来能承受的限度，使人出现注意力不集中、头昏脑涨、反应迟钝等现象，就是用脑过度的表现。如果青春期男孩不用心爱护大脑，它就会给你带来一系列的恶果，出现注意力不集中、记忆力下降、思维迟缓、心情忧虑、厌烦学习等情况。我们一定要认识到保护好大脑是一件非常重要的事情。

1. 不宜长时间地使用大脑

心理学研究发现，健康儿童连续用脑 30 分钟，血糖浓度在 120 毫克以上时，大脑反应快、记忆力强；连续用脑 90 分钟，血糖降至 80 毫克，大脑的功能尚正常；连续用脑 120 分钟，血糖降至 60 毫克，反应迟钝、思维力较差；连续用脑 210 分钟，血糖就会降至 50 毫克，这时便会头昏、头痛，大脑会暂时失去工作能力。一般认为，初中生一次做功课或看书学习的连续时间不宜超过 1 小时。

2. 宜将不同的学习内容错开进行

孩子在学习时，不同的学习内容，会在大脑皮层的不同区域形成兴奋点。学习数学，可在大脑皮层某一区域形成一个兴奋点；学习英文会在大脑皮层的另一区域形成一个兴奋点。倘若长时间学习同一内容，则必然会使大脑皮层某一区域的神经细胞负荷加重，如果能交错学习不同的内容，可使大脑皮层不同区域的神经细胞轮流工作，获得有节奏的休息，以便更好地学习。

3. 宜充分利用“最佳用脑时间”

每个人每一天都有一个“最佳用脑时间”，有的孩子早晨脑子特别灵敏，记忆力最好，而有的孩子则是晚上头脑最清醒，学习效果最佳。家长应了解并充分利用孩子的“最佳用脑时间”，以提高孩子的学习效果。

4. 保持充分的睡眠

睡眠是大脑的主要休息方式，充分睡眠才能使人脑消除疲劳，保证大脑正常工作。家长应安排好孩子的睡眠时间，让孩子睡得足、睡得好，且不让孩子“开夜车”，以免影响孩子的健康。

5. 宜饮食合理

孩子在紧张地学习时，会消耗大量的营养物质和氧气，如果

得不到及时的补充，大脑就会受到损害。合理的饮食，充足的营养，丰富的蛋白质、维生素和矿物质可保证大脑神经细胞正常代谢的需要。宜进食适量的动植物蛋白质，如肉类、禽类、海鲜、豆制品等，还要适当多食新鲜蔬菜、水果，以补充维生素和果糖。

学习不可急于求成，疲劳战术更是学习方法中的败笔。要让学习生活变得劳逸结合、张弛有度，只有这样才能保证最好的学习状态。特别是对那些自主、刻苦型的男孩，应该适当缩短学习时间，保证睡眠，或是学习一段时间后，到室外活动一下等。

不可三分钟热度

周末，同学柯晓磊到天一家来，与天一一起做数学卷子。

妈妈听到天一和晓磊在讨论着什么问题。

晓磊说：“天一，我真羡慕你有一个聪明的大脑，你整天跟我们打球，学习还这么好。我怎么学习就是不开窍呢，你有什么秘诀没有？传授给我一点。”

“我觉得也没有什么秘诀啊。其实，我觉得你是很聪明的，就是学习时缺乏耐心，经常三分钟热度，学习上遇到困难就放弃。”

妈妈很好奇，想听听他们如何继续讨论下去。于是对天一和晓磊说：“你们俩在讨论什么问题呢？可以让我听听吗？”

晓磊对天一妈妈说：“芮阿姨，没事，您可以听。我希望您也能帮我想想办法提高一下学习成绩呢。”

天一接着又对晓磊说：“我真觉得你很聪明，只是你的聪明没有发挥出来罢了。”

“嗯，我也觉得你很聪明。”天一妈妈附和着对晓磊说。

晓磊笑着说：“哎，看来只有聪明也不管用啊，可能是我玩心太重吧，总静不下心来学习，今天有兴致了就多学点，明天不想学了就糊弄一下或放弃学习。”

天一想了一会儿，对晓磊说：“我认为，有好的学习习惯很重要，我觉得我从小养成的好习惯对我影响很大，这要感谢我老妈，呵呵。”说完，天一看了看妈妈。

天一刚上小学时，妈妈就很注重他良好学习习惯的培养。上了中学后，他的学习几乎不用妈妈操心，全都是他自己安排。

“有哪些好习惯呢？怎样去培养呢？你们传授给我一点经验嘛。我现在都上高中了，得为以后考大学、为自己的前途着想了。”晓磊谦虚地说。

天一妈妈想到天一和晓磊都是独立性较强的高中生，就对他们说：“关于学习习惯问题，我觉得还是你们俩先讨论吧，如果有什么问题不好解决的，你们再找我，可以吗？”

天一妈妈转身走出了天一的房间。

天一很认真地对晓磊说：“这学习好习惯嘛，有很多，比如按制订好的计划进行学习，主动学习而不是被动学习，课堂上有重点地记笔记，从错题中总结经验等，太多了，等我一一为你道来……”

青春寄语

的确，中学时期的学习任务很繁重，有了良好的学习习惯会提高学习效率，学习也会事半功倍。

青春期男孩要注意培养良好的学习习惯，努力克服不良的学习习惯，如拖拉、缺乏计划性、不及时预习和复习等。

对青春期男孩来说，好的学习习惯包括：主动学习，课前预习；专心听讲，做好笔记；勤于思考，大胆质疑；从错误中总结教训；读书学习专注认真，勤于动笔，在规定的时间内完成学习任务；及时复习、完成作业等。

好的学习习惯不是一朝一夕养成的，这需要青春期男孩在每天的学习中，都按照正确的学习步骤、正确的学习方法进行，持之以恒，逐步养成良好的学习习惯。

青春期男孩要认真思考自己在学习中有哪些好的学习习惯，有哪些不好的学习习惯，并制订和调整计划，一步步改掉不好的学习习惯，坚持好的学习习惯。

男孩需要培养专注力

期中考试后，自我感觉良好的孙小虎却怎么也高兴不起来。怎么只考这么点分呢？！拿到试卷后他在那里生自己的闷气。在草稿纸上打草稿时答案明明是正确的，可怎么抄到答题卷上时就变了呢？自己竟然还把“$3x-26$”抄成了“$3x-29$”，还有另外两道数学题也犯了同样的错误，因此失去的分数高达16分。另外，孙小虎平时一直很拿手的英语也因为粗心大意，答题时看错序号，同样失分很多……

再过几个月就要参加高考的李哲这些天很苦恼，因为他每次考试总是粗心大意丢分，不是看错了题目就是写错了答案。有一回，他的英语基础题部分只有第一道和最后一道题答对了，其他题的答案顺序全错了，犯的错误真的很“低级”。但他又不习惯在答卷后自觉检查。本来自己不比别人笨，可最终成绩就是不如其他同学，马上高考了，怎么办呢？

青春寄语

马虎是常见的现象，总是有一些男孩在考试后后悔不已，自己怎么那么粗心呢？并且这样的男孩还总是遭到父母和老师的批评：怎么就那么马虎呢？考试时你的心干吗去了？

男孩是故意的吗？当然不是。马虎是男孩学习中普遍存在的现象，从表面上看是粗心所致，其实它的背后有很复杂的心理因素。一般来说，马虎由以下几个原因造成：

1. 注意力分散

这是男孩学习马虎直接的和较常见的原因。比如，有的男孩边看电视边做作业，有的男孩在做作业时心里总想着电脑游戏或者好玩的玩具，一心二用造成了学习马虎，养成了不好的习惯。

2. 性格的原因

有的男孩性格比较急躁，干什么事都心急，难免出错；有的男孩天生就好动，走起路来都是脚踢石块、手抡书包。浮躁、好动的性格也容易造成学习马虎的现象。

3. 情绪的原因

青春期男孩的情感正处于形成发育期，情绪很易受到干扰。各种情绪的干扰也是引起男孩学习马虎的重要原因。有的男孩在早上还没有睡醒就被妈妈叫起来，情绪很低落，造成忘记带课本或文具；有的男孩放学急着回家，结果忘记带作业本回去；还有的男孩因为各种原因上课无法专心听讲，没听清楚老师讲课的内容，出现情绪不稳定、浮躁等，从而导致学习马虎。

4. 习惯的原因

不良的学习习惯也是男孩学习马虎的常见原因。比如，有些男孩做作业时，不想好就匆忙下笔；回答老师的提问时，没仔细想就仓促应答；还有一些男孩不爱看书、不爱动笔，遇到问题总是想依靠别人，不愿动脑子想问题，做事半途而废，遇到问题没主见，思维独立性差等。

5. 考试焦虑

有些男孩平时做题没问题，但因为对考试的心理负担过重，过分紧张，导致一考试就错，看上去好像是不认真，实则是考试焦虑。

据调查统计，某中学出现马虎问题的男孩居然高达 70%，可以看出这是一个十分普遍的现象。男孩们不仅在考试中会马虎，就是在平时的学习过程中，包括阅读表达、理解记忆、写作业等，也都有类似的情况发生。在平时处理日常生活事务中，也经常有丢三落四的现象。只不过考试有成绩评价，所以才特别受到关注。

然而，马虎又是一个严重的问题，因为它不但影响男孩的学习，而且妨碍男孩的成才。就像上面事例中的男孩，可能因为他们的马虎，影响到他们未来的发展方向。在生活中决不能马马虎虎、丢三落四，无论做什么，没有认真的态度都将一事无成。

很多男孩对自己的马虎行为只会后悔，却不能真正认识到马虎的危害，有的男孩还认为虽然错了，可不是我不会。有的父母对男孩马虎也不重视，认为只要男孩聪明就行，马虎点没关系，这都是错误的观点。父母应该提高男孩对马虎的认识，让他结合自己的问题做检查。即便父母发现了错误，也不要直接告诉他哪里错了，而要说："你这里面有错题，再去检查。"这样不但可以提高男孩的自检能力，还能帮助男孩养成仔细、认真的好习惯。另外，还要培养男孩不依靠橡皮、及时总结错题等好的学习习惯。

养成爱动脑的好习惯

有一天，爱迪生在路上碰见一个多日不见的好朋友，他发现这个朋友手指的一个关节肿起来了。

“哎呀，你的手指怎么肿成这样呢？”爱迪生关切地问。

“连我都不知道是什么原因造成的。”朋友苦笑说。

“连你都不知道？那你没有去看医生吗？”

“我看了好多医生，都没有说出一个准确的原因。不过，有超过半数的医生说这是痛风症。”

“痛风症？那么什么是痛风症？”爱迪生进一步问。

“他们告诉我说这是尿酸淤积在骨节里造成的。”

“既然如此，他们为什么不从你的骨节里取出尿酸来呢？”

“他们不知道怎么取。”他的朋友回答说。

“为什么他们会不知道怎么取出来呢？”爱迪生很生气地问。

“因为尿酸是不能溶解的。”

“我不相信。”爱迪生回答道。

与朋友分别后，爱迪生急忙回到实验室，立刻开始试验尿酸到底能不能溶解。他排好一列试管，每只试管里都放入不同的化学试剂和几颗尿酸结晶颗粒。几天之后，他看见有两种液体中的尿酸已经溶化了。于是，这位大发明家就有了新的发明问世。这个发明也很快得到实际应用：这两种液体中的一种已普遍应用于医治痛风症。

青春寄语

英国思想家培根曾经将三种不同的学者形象地比喻为蜘蛛、蚂蚁和蜜蜂。他将盲目地堆积材料的求知方式称作蚂蚁方式；将主观随意地创造体系的方式叫作蜘蛛方式；而将最好的方式称为蜜蜂方式。蜜蜂方式指像蜜蜂采蜜一样，从花园和田野里的花朵中采集材料，并用自己的力量来改变和消化这些材料，通过消化、酿造，“蜜成花不见”，而蜂蜜要比一般鲜花的汁甘甜和精粹得多。

拉开历史的帷幕就会发现，古今中外凡是有重大成就的人，在其攀登科学高峰的征途中，都给思考留有一定的时间。阿基米德发现浮力定律时，在澡池里思考；牛顿发现万有引力定律时，在苹果树下思考……没有哪一个卓有成就的人，是让读书占据了他的所有时间，让书籍占据了他脑子里的所有空间的。

如果说勤奋学习旨在奠定基础的话，那么思考的目的则在于融会贯通，在于创新。如果仅仅停留在学习的阶段而不去思索，那这个人就可能永远只是个学习者，而不能成为一个创新者、发明者以及成功者。勤学必须辅以苦思，如此才能有所成就。

◇ 好习惯决定你的一生 ◇

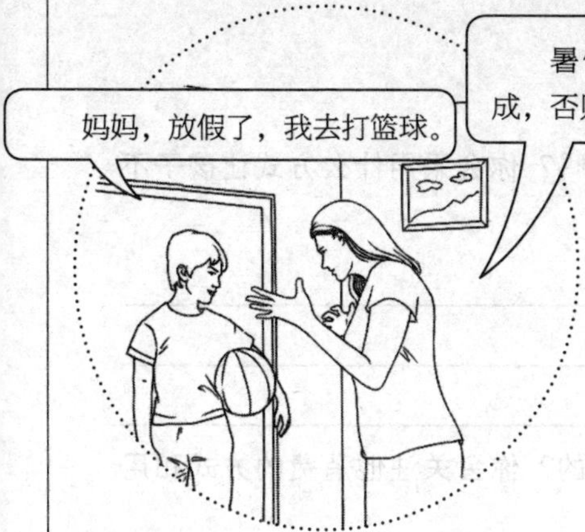

很多男孩都有自己的理想和计划，但如果不行动的话，理想只能成为幻想，计划也只能成为空谈。

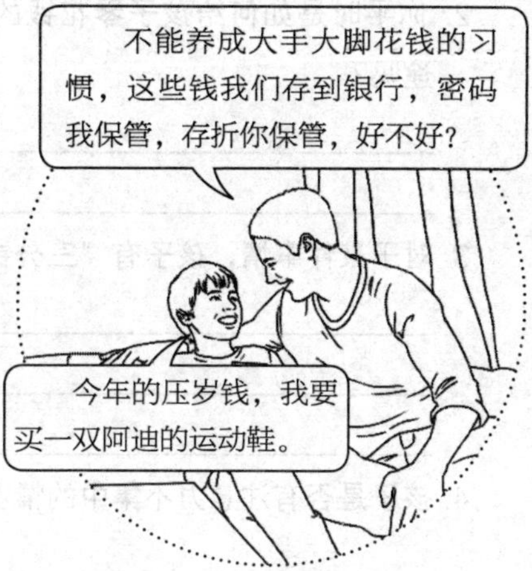

应该让青春期男孩养成存钱的习惯， 重要的不是因此存了多少零花钱，而是男孩通过这种行为养成了不乱花钱的习惯。

青春期男孩要注意培养良好的学习习惯，努力克服不良的学习习惯，如拖拉、缺乏计划性、不及时预习和复习等。

高情商家教思维

1. 你的孩子平常有拖沓的习惯吗？你会采用什么方式让孩子不拖沓？

2. 你平时是如何给孩子零花钱的？你会关注他消费的方式和用途吗？

3. 对于某件事情，孩子有“三分钟热度”的表现吗？

4. 孩子是否有注意力不集中的情况？你会采用哪种方式来矫正？

5. 在遇到难题时，孩子是主动思考还是放弃？你如何引导孩子独立思考？

第八章

阳光快乐，做乐观自信的男孩

消除悲观心态

有这样一个男孩，可谓是消极悲观的典型。这个男孩无论做什么事情都唉声叹气，一脸苦相。上课的时候，他抱怨老师讲课啰唆，没有意思，总是没精打采，盼望着下课；下课了，他嫌同学们各忙各的没人理他，郁郁寡欢；回到家里，看到妈妈没有做他喜欢吃的饭菜，又开始抱怨妈妈不爱他；晚上写作业，因为上课没有认真听讲，做起来非常吃力，总也做不完，又抱怨老师太“残忍”，留的作业太多……整天在这种抱怨不休围绕之下，这个不到 15 岁的男孩看起来却和小老头一样……

青春寄语

青春期的男孩相比女孩来讲，独立意识和逆反心理更强，更喜欢封闭自己，保留自己的内心世界。正如上面例子所述，对于青春期男孩的你来说，悲观的情绪不仅会让你在生活中错失很多机会，遭受失败的打击，更是会影响你的精神面貌，导致一系列的精神疾患，譬如未老先衰、孤僻自闭等。

那么，究竟是什么原因导致青春期男孩对生活充满悲观呢？有两个要点：

其一，不能全面认识生活。生活就像一个多面体，从不同的角度去看，就会有不同的风景，如果你总是习惯看到生活中那些不好的方面，自然就会渐渐生出悲观消极的情绪。

其二，太过挑剔他人。如果在与人相处的过程中，总是看到别人身上的不足，总是看到别人的不好，那么，也就很难让自己的心态积极阳光起来。就像在前面例子中提到的男孩一样，总是用一种挑剔的眼光去看待周围的人，总是对周围的人抱怨不休，结果他又收获了什么呢？除了让他自己的心情更糟糕，让他自己生活得更不快乐以外，什么都没有。

明白了这些，是不是已经着急知道究竟该如何做，才能让自己拥有阳光积极的心态，成为真正的阳光男孩呢？

生活是用来享受的，不是用来糊弄和煎熬的。生活中有很多美好的事情等待去发现。

妈妈准备了丰盛可口的早餐；爸爸买了你最喜欢的汽车模型；上学路上的阳光很明媚，空气很清新；坐在宽敞明亮的教室里听着老师精彩的讲课……

用心去发现这些生活中让你感动的细节，坚信每一天都是美好的，心境就能在这潜移默化的改变中，渐渐变得乐观起来。

和身边的一些男孩接触过程中，有这样一个不能称之为规律的事实：凡是那些心胸狭隘、小肚鸡肠的男孩，大多也不是一个乐观的人。

的确，如果与人相处总是斤斤计较、睚眦必报，这样的人，心中也注定会满是阴霾与负面情绪，很难做到阳光积极。

想要成为一个乐观的男子汉，还需要注意这样一点：大度一点，别做小心眼的男生。

一个总是满口抱怨的人，很难是一个乐观的人。若想成为一个乐观的男子汉，你首先要做的就是：停止你的抱怨。

有一句话说得好：悲观的人找借口，乐观的人找方法。

悲观的人面对问题从来都是想着如何给自己找借口开脱，而乐观的人却常常会在逆境之中寻找转机。

悲观与乐观都是种子，都能长出枝叶。只不过，前者结的果叫苦涩，后者结的果叫甘甜。聪明的男子汉，如果由你来种这棵树，你是会种出苦涩，还是会种出甘甜呢？相信你的心中已经有了一个清楚明智的答案。

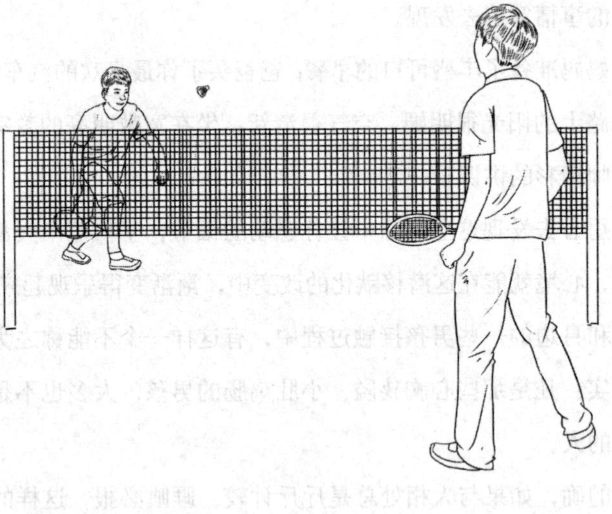

怎样清除忧愁

小熊尼莫冬眠醒来后做的第一件事，就是为自己未来的食物——蜂蜜苦恼。

它一面看着太阳一面忧虑：春天的阳光不够好，要是森林里的那些花开得不够鲜艳，蜜蜂会不来采蜜，或者蜜蜂来了，采到的蜜却没有往年那么香醇，该怎么办呢？

还有那夏天的雨水，简直没完没了，那些花儿一定会被雨水糟蹋了。它们太娇弱了，很容易被泡烂了根系。再说了，在这样糟糕的天气里，蜜蜂也会罢工的。尼莫越来越担心，因为按照它的这些假设，今年一定吃不到一点儿蜜了。

尼莫变得焦躁起来，在蜂房的周围不停徘徊，除了担心还是担心。它没有了去找其他食物的心情，或者是安静地休息一会儿的空闲。就这样，春天和夏天就在尼莫的忧虑中慢慢地过去了。

当秋天来临的时候，气温偏高，秋旱又开始持续了。植物变得衰弱了，到处都是食叶害虫和地下害虫。尼莫家附近的花已经气息奄奄。忧虑的尼莫开始整夜整夜地失眠，它在夜里睡不着觉，因为它在花丛里奔走忙碌着捉虫。可是不管它怎么努力，虫子一点也没见少。

尼莫的许多个日日夜夜，就在这样的担心和忧虑里过去了。

其实，在阳光不好的那些日子，尼莫吃到了油菜花的蜜；雨季里它吃到的是枣花的蜜；虫子最多的时候，它吃到了向日葵的蜜。在应该吃到蜜的日子里，尼莫并没有像自己担心的那样什么都没吃着，尽管有时候吃得少一点儿——它白白替那些花和蜜蜂操心了。

青春寄语

“愁”这个字，在汉字中是一个很有趣的字，它由“心”和“秋”组成，是一个会意字。在古代，秋天表示收获，所谓“秋收冬藏”，“秋”自然就悬在人们的“心”上，令人忐忑不安，成为人们“心”上挂念和担忧的“事情”了。

都说“少年不识愁滋味”，可身边总能找到这样一些“尼莫”式的小男生，他们为生活和学习中的事烦恼着。

其实，他们并不需要为那些多余的事情忧虑，就像小熊尼莫一样，它本来应该是这样的：每天在森林里找找鱼、鸟类和昆虫，吃饱了晒晒太阳，晚上待在洞里呼呼大睡，如果蜜酿好了，它自然会知道。

男孩出现忧愁和烦恼是常有的事情，如果烦恼总得不到解决且长久地情绪低落，那么就很容易出现问题。

男孩可以对比一下，看看自己有没有以下的表现，如果有的话，那么男孩就需要找到清除忧愁的窍门儿。

整日愁眉苦脸、心事重重、心烦意乱、情绪低落，对什么事情都没有兴趣，不能安心学习和做事；即使是面对让人高兴的喜事，也常常毫无喜悦之情，有时甚至会对此感到忧伤和痛苦；看什么都不顺眼，做什么都觉得不顺心；拒绝与父母和同学沟通、交流，时常封闭自己或与人对立；有些男孩还会产生身体不适，比如感觉头晕、恶心、腹痛、肢体无力等。

让人变得忧愁的原因有很多，比如学习压力过大，理想和现实有冲突，不能实现自己的愿望，父母或老师不理解自己，不被认可和接纳，在学习、生活中有无用感等。那么，怎么做才能让自己远离忧愁呢？

1. 把忧愁向别人彻底诉说，无论是朋友、家人，还是同学。

2. 如果有些事情能够或者需要及时予以解决的，那就立即行动起来。

3. 如果有些事情暂时或较长时期无法或无望解决，就将它们搁置起来，将注意力和精力聚焦在其他必须要做的事情上。

忧愁并不可怕，只要遵循以上几条去努力，就可以一点点地让忧愁远离自己的生活，重新回到阳光灿烂的日子。

肯定自我的阳光心态

建桥是学校里鼎鼎大名的后进生。之所以这么出名，是因为他从小学开始，基本上都是班里的倒数十名，从没“让人们失望过”。可是，初三一开学，每个认识他的人都察觉到情况有些不对：建桥换了整洁漂亮的新衣服，头发、脸打理得干干净净，对人说话客客气气，连走路都是挺着胸脯。在课堂上，建桥破天荒头一次认真听课，专心做笔记，还踊跃发言了！建桥的这一改变让所有人都惊异不已，都说浪子回头有大出息，看来，建桥即将发光发热了！

青春寄语

是的，人生旅途中会荆棘丛生、沼泽满地，磕磕碰碰、跌跌撞撞在所难免。忧愁、悲伤、紧张、焦虑、痛苦、恐惧等负面情绪会经常举兵来袭，令人痛苦不堪。而战胜消极情绪的关键就在于要能够欣赏自己、肯定自己。

如果一个男孩心中充满阳光，就会充满善待生活和环境的动力，他在今后的人生道路上定能得到意想不到的力量，克服一切困难走向辉煌。

美国钢铁大王卡耐基在每次感到失望沮丧的时候，都会玩一个“幸福游戏”，就是在一张纸上写出自己所有的优点与长处，然后想一想：“如果没有这些优点，我现在会怎么样？”这样他就会觉得，眼前的烦恼真的没什么大不了的。

美国心理学家威廉·詹姆士研究发现，一个没有受过激励的人，仅能发挥其能力的20%～30%，而当他受到激励时，其能力可以发挥至80%～90%。这就是说，同样的一个人，在经过激励后，所发挥的能力和作用相当于被激励前的3～4 倍。可以说，激励是取得成功的重要条件。在大千世界中，我们不但要学会欣赏别人、学习别人，还要学会欣赏自己，学会为自己鼓掌。可是，你有没有真正肯定过自己呢？

自己身上值得欣赏的东西是什么？也许你个头不高但非常聪明，成绩中等但有很多朋友，外语不好却是个画画的好手……其实，你不是没有优点，而是有很多，只是你自己没有把它们当成优点罢了，因为几乎学习成绩就是一切标准。记住，路遥知马力，你的人生会在自己的优点里面开出美丽的花。

生活给予一个人的，当然不会永远是赞扬，更多的可能是责难、讥讽和嘲笑。这时，你一定要学会自己给自己鼓掌，激发自己奋发向上的欲望。

你拥有什么？你身边围绕着的不仅是孤独、渺小，还有爱心、善良、诚实等种种优点；你的父母也许是普通人，可他们对你的爱比谁都多；你的朋友也许有很多你难以接受的毛病，但他们真诚地帮助你；你可能不是最优秀的，但一定是最幸福的。

你经常心怀希望吗？你能做到有梦想，并始终相信自己能够达成自己的目标，战胜自己的负面情绪，进而获得成功吗？高情商的人无论在什么困难挫折面前，都能积极乐观地面对，始终不放弃自己的信念。

把乐观加为“好友”

放学时，天下起了大雨，许多人都被困在教室里。面对这种天气，有的男孩会气呼呼地说：“这该死的天气，害得我们都回不了家，真是气死我了。”有的男孩则会说：“春雨贵如油，让雨水尽情地滋润那些干渴的花花草草吧，我回不了家，坐在教室里欣赏这美丽的雨景也是一种享受。”

青春寄语

遇到同样的情况，不同的孩子有着截然不同的想法，这就是乐观与悲观两种心理的差别。乐观的男孩并不否认消极因素的存在，但他们学会了不让自己沉溺其中。而乐观能够唤起他们的潜力，促使他们发挥出巨大的力量，这种力量能引导男孩走出困境，自信地走向生命的顶峰。

每个处于青春期的男孩都难免会遇到一些令人头疼的难题，面对这些问题，有人乐观，有人悲观，这是两种截然相反的心理表现，前者表现为对任何事物都充满信心，能看到事物好的一面；

后者则表现为看到什么都感到悲观丧气，总是看到它坏的一面。

如果仔细观察会发现，那些积极乐观的孩子，即使遇到糟糕透顶的事，也能从困境中看到一缕阳光、一片绿叶、一朵鲜花，寻找到生活的乐趣，保持精神愉快；相反，那些悲观的孩子，就算生活再优越，也是忧心忡忡，牢骚满腹。

青春期男孩由于各种原因，总有些消极情绪，这些情绪不仅影响了学习，影响了生活，有时还会影响到身体健康。心理学家指出，青春期的男孩应该学会保持乐观，不与悲观情绪为伍，不说悲观的话，拒绝悲观的想法。用句年轻人流行的话说，要将乐观加为“好友”，将悲观拉进“黑名单”。

1. 学会积极的自我暗示

青春期男孩要暗示自己保持积极乐观的态度。当情绪被生活、学习中的困难所困扰的时候，可以闭上眼睛深呼吸，告诉自己“事情没有那么糟糕”“我是最好的”“很快就会过去”“我能行”“我一定有办法”等。这些心理暗示对平静心情、增强自信非常有效。

2. 学会换个角度看问题

有一名叫张景的男孩因腿部受伤被送进了医院，医生要求他必须得躺在床上静养半年。他又哭又叫，心里充满了怨恨和反抗，但是没办法，还是得遵照医生的话躺在床上。开始时，他很消沉，一个同学就劝他说：“你现在觉得要在床上躺半年是一大悲剧，可是事实上并不那么糟。你知道我有多想休息休息吗？我想有更多的时间睡觉和自由思考，听喜欢的音乐，看喜欢的电影……”

听了这话，张景平静了下来，是呀，原来上学时不是一直盼望能有个长长的假期吗，于是，他开始规划自己的“假期”。比如，看书读报，收听收音机里播放出的美妙的音乐，给朋友发邮件聊天，等等。半年很快过去了，他终于结束了卧床生涯，从此他也成了一个快乐的人，因为他学会了乐观处事。他说：“养成乐观处事的习惯，是我一生享用不尽的财富。”

3. 强迫自己选择积极的想法

有人曾写下这样一段话：你改变不了环境，但你可以改变自己；你改变不了事实，但你可以改变态度；你改变不了过去，但你可以改变现在；你不能控制他人，但你可以掌握自己；你不能预知明天，但你可以把握今天；你不能样样顺利，但你可以事事尽心；你不能延伸生命的长度，但你可以决定生命的宽度；你不能左右天气，但你可以改变心情；你不能选择容貌，但你可以展现笑容。青春期男孩在遇到困境时，可以强迫自己选择积极的想法，坦然面对困难。

记住一位哲人所说：“生活是一面镜子，我们怎样对待生活，生活就会怎么样对待我们。”想得到好的结果，就先学会积极对待吧！

自信让我战胜一切

有一个总觉得自己不被人喜欢而有点自卑的男孩，偶然在商店里看到一枚异常帅气的胸章。当他把这枚胸章别在胸前的时候，商店里的顾客纷纷向他投来赞赏的目光，于是他非常兴奋地买下了那枚胸章，戴上它去学校。

奇妙的事情发生了，许多平日不太同他打招呼的同学，纷纷跟他接近。原来不苟言笑、死气沉沉的他，很快变得活泼起来了。男孩心想：“都是因为戴了帅气的胸章的缘故吧！”随即，他想到店里似乎还有几枚更加别致的胸章，决定再买几枚以备不时之需。

放学之后，小男孩很快地跑到商店里。谁知道一到店里，老板就笑嘻嘻地迎上来了：“我就知道你会回来拿你遗失的胸章，昨天当我发现它掉在地上时，你已经一溜烟地跑走了，所以我只好暂时替你保存。”

这时，小男孩才发现自己胸前根本没佩戴任何东西……

青春寄语

自信，是使人走向成功的第一秘诀。只有找到自信的支点，才可以撑起男子汉的脊柱。

有人说，男子汉就该自信，因为不自信的男孩都不成功。这里需要解释两个问题。第一，自信并不需要别人的评价，自信首先来自你自己，脱离了自我的自信还能有什么底气呢？第二，自信并不意味着成功，它只是一种对待生活的态度。你可以不成功，却不能够不自信。一个拥有成功的人不一定能走远，而一个拥有自信的人却能走遍天涯海角。

自信能孕育信心，能通过充满信心的活动让别人产生信心；自信能保持最佳心态，增强进取的勇气。当一个人过不了自信这一关的时候，就会怀疑自己，从而使得自己做的所有事情大失水准。

试想一下，如果你总是接受身边人的称赞和夸奖，可是有一天，你突然发现有一个人在各方面都好像比自己更优秀，这难道不会让生长在顺境下的你对自己产生怀疑吗？我们遇到的许多问题和困难，实际上正是来源于信心不足，一旦获得了信心，许多问题就将迎刃而解。

要知道，一个人所具有的潜能和他在学习和生活中表现出来的能力并不总是1 ∶ 1的关系。很多人总是把自己的失败习惯性地归结为自身能力的不足。其实，即使在这些经常灰心丧气的人身上，也蕴藏着巨大的、远远超出常人想象的潜能。只不过，潜能的主人并没有意识到，或者意识到了，却不知该如何释放这些能量而已。

相反，那些特别乐观、特别自信的人总能不断地从自己身上找到前进的动力，总能设法让自己身体里的潜能超水平地发挥和释放出来。也就是说，从他们自身的潜能，到他们在学习、工作和生活中表现出来的能力，这个映射中似乎隐藏了一种神奇的“放大”效应。自信的人在困难、挫折面前，能冷静、沉着应对，而总认为自己“不行”的人，即使具备了足以成功的能力，也会因缺乏自信而失败！所以，青春期男孩应该从点滴做起，逐渐培养起自己的自信心。作为家长，更是要学会引导、鼓励孩子建立自己“男子汉”的强大自信心。

◇做乐观自信的男孩◇

一个总是满口抱怨的人，很难是一个乐观的人。若想成为一个乐观的男子汉，你首先要做的就是：停止你的抱怨。

在生活中，很多发愁的事情，都是没办法马上解决和消除的，它们令孩子忧心忡忡，让孩子变得烦躁消极。假如能将这些忧愁向父母、朋友倾诉，既能释放忧愁的情绪，还能从他人那里得到好的建议。

高情商家教思维

1. 观察一下，你的孩子属于悲观型还是乐观型。

2. 你能及时发现孩子忧虑、郁闷的情绪吗？你会采用什么方式来化解？

3. 当孩子性格孤僻、不合群时，你会埋怨和指责孩子吗？

4. 你会用什么方式鼓励孩子自信，避免孩子自负？

5. 孩子是否稍有不如意就发脾气？你有哪些方法能帮助孩子学会控制情绪？